CORSO

GODEHARD SCHRAMM

Der Kanzler und der See

Lago di Como –
Land und Leute, Kultur
und Konrad Adenauer

CORSO

TIEFE WASSER

VORWORT

Schon der Blick auf die europäische Landkarte zeigt: Die ihrer Anmut und natürlichen Schönheit wegen immer wieder gepriesene Gegend am Comer See liegt in der Mitte des Kontinents, in den norditalienischen Alpen. Vergil rühmte in seinem Lehrgedicht *Georgica*, das er im Jahr 29 nach Christus gemeinsam mit Maecenas dem Octavian, dem nachmaligen Kaiser Augustus, vorlas, nicht nur die »herrlichen Städte, die mühevoll errichteten Bauten, die Menge der auf schroffem Felsen getürmten Orte«, sondern auch den »Lacus Larius«, den Comer See. Er ist das tiefste der oberitalienischen Gewässer. Seit Vergil haben Autoren immer wieder den majestätischen Anblick des in seiner Mitte nach Süden zweigegabelten Sees beschrieben: von Alessandro Manzoni über Hermann Hesse und James Joyce bis zu Louis Begley. Am Comer See siedelt Stendhal seinen Freiheitsroman *Die Kartause von Parma* (1839) an. Gewiss wird Godehard Schramm nicht der Letzte in dieser Reihe der kulturellen Liebhaber des Comer Sees sein.

Europa liegt am Comer See: Das ist auch eine politische Aussage. Denn dort kommen vielfältige Traditionen und reichhaltige Nationalkulturen zusammen. Schon die Ligurer und Etrusker liebten das Ambiente des Sees. Römer und Griechen schätzten das milde Klima der Lombardei. Vor über 200 Jahren entzündeten die Romantiker von dort aus die Liebe zu Italien, die so raum- und zeitübergreifend ist, dass sie selbst dem euroskeptischen Hans Magnus Enzensberger 1983 das Lob entlockt hat: »Wir kommen ohne diesen Zufluchtsort nicht aus. Er ist unsere Lieblings-Projektion, unser Freilichtkino, unser Allerwelts-Arkadien«.

Für mich als bekennenden und praktizierenden Europäer gehört zur Europapolitik unabweisbar der deutsch-italienische Kulturaustausch. Gerade die Region nördlich von Como lebt von der Begegnung der Nachbarn. Das zeigt Godehard Schramms Buch, indem es von der Geschichte des Orts und von den Geschichten seiner Bewohner und Besucher ebenso anschaulich wie eindrücklich erzählt.

Politik ist am Comer See natürlich untrennbar mit dem Namen Konrad Adenauer verbunden. Mitte der 1950er Jahre hatte Heinrich von Brentano, seinerzeit Außenminister im Kabinett Adenauers, seinem Chef diesen Urlaubsort am Comer See empfohlen. Seit dem Februar 1957 ist Konrad Adenauer 18-mal in Cadenabbia gewesen, oft mehrmals im Jahr, meist im Frühjahr und im Herbst. Seit 1959 hat er in der Villa La Collina logiert, dem heutigen internationalen Begegnungszentrum der Konrad-Adenauer-Stiftung. Man sollte sich die Cadenabbia-Besuche des Kanzlers aber nicht als rundum besonnte Urlaubsreisen vorstellen. Das »Feriendomizil« war vielmehr ein »Ersatzkanzleramt«. Adenauer pflegte im akkuraten Dreiteiler aufzutreten, stets mit Krawatte, selbst bei Bootsausflügen und beim Bocciaspiel. In Cadenabbia fand Adenauer Distanz zur Tagespolitik und Raum zur politischen Reflexion. Hier diktierte er seine Memoiren: vier, bis heute mehrfach aufgelegte, Bände (1963–1968). Hier fiel eine der wichtigsten Entscheidungen der langen politischen Laufbahn Konrad Adenauers (1959): sein Verzicht auf die Kandidatur für das Amt des Bundespräsidenten. Und hier bereitete er 1957 das Treffen mit Präsident Charles de Gaulle vor, das als historische Markierung der deutsch-französischen Aussöhnung gilt. Hier empfing er bedeutende Politiker aus Europa und den USA, hier besuchte ihn der Mailänder Erzbischof Giovanni Battista Montini, der spätere Papst Paul VI.

Cadenabbia als politischer und als literarischer Ort: Bei den Tagungen und Kongressen in der Villa La Collina kommt es immer wieder zu einer Begegnung zwischen hochrangigen Staatsvertretern, Wissenschaftlern unterschiedlicher Disziplinen und Künstlern aller Sparten. Es sind Begegnungen im Geiste von Freimütigkeit und Verständnisoffenheit, geprägt von der Idee der Vielfalt in der Einheit. Also: Begegnungen im Sinne der europäischen Integration. Diese Integrationsleistung hat Hilde Domin – die ihre ersten Exiljahre in Italien verbrachte und 1995, damals 86-jährig, den Literaturpreis der Stiftung erhielt – als »großes Verdienst« der Adenauer-Ära gewürdigt, neben der deutsch-französischen Versöhnung, dem deutsch-jüdischen Dialog und dem Grundgesetz.

Cees Nooteboom, Literaturpreisträger unserer Stiftung 2010 und erklärter Liebhaber der Naturschönheiten und Kulturdenkmäler Italiens, hat eines seiner Bücher mit dem Titel versehen: *Wie wird man Europäer?* Die Frage ist eine europäische Basislektion. Um Europäer zu werden, bedarf es der Kenntnis der Geschichten der anderen, des Austauschs der Kulturen, der gemeinsamen Orientierung an europäischen Werten, zu denen natürlich die Menschenrechte, die Demokratie, die Rechtsstaatlichkeit gehören –, aber vor allem die Idee der Freiheit, ohne die jeder europäische Einigungsweg vor einer Mauer enden muss. Nooteboom beschreibt den Lernprozess des reisenden Europäers als »Augenmensch«. Genau das, wenn auch in anderer Stillage, vollbringt auch Godehard Schramm. Sein Buch ist eine reichhaltige Reisereportage, ein erlesenes Erzählbuch mit Landschaft und Leuten, er selbst ein kundiger Cicerone durch die Kulturlandschaft und Natur des Comer Sees, erwachsen aus über zwanzigjähriger Vertrautheit mit der Region zwischen Tessin und Lombardei. Godehard Schramm weiß die Leser durch selbsterlebte Geschichten, durch lehrreiche, manchmal anekdotisch bereicherte Erfahrungen mit Land und Leuten zu überzeugen.

Dr. Hans-Gert Pöttering
Präsident des Europäischen Parlaments a. D.
Vorsitzender der Konrad-Adenauer-Stiftung e. V.

SEEWELTEN

See bedeutet mir Weltherbei. Am Bodensee geboren, verbinden sich für mich mit *See* platanengesäumte Uferwege und das mir als Kind unbegreiflich dunkelmächtig erscheinende überdachte Gebäude des »Konzils«, in dem 1417 Papst Martin V. gewählt wurde. Älter werdend begann ich, Seeländer ganz besonders zu mögen. Ein See soll für mich Inseln haben, wie die Mainau oder die Reichenau. Unbedingt gehören zu manchem Uferhang die Rebstöcke für den Wein. Und Dichter muss es dort geben – solche wie Fritz Mühlenweg oder die Droste.

Überraschend war 1988 die erste Einladung nach Cadenabbia eingetroffen: vom Bundespresseamt. Zum ersten Mal länger an den Comer See, wo es in einem überschaubaren Gesprächskreis um die wechselseitige Wahrnehmung von Deutschen und Italienern gehe – und jeweils auch um ihre innere Verbundenheit mit dem eigenen Lande. Also als Gast an den Lago di Como.

Wäre der »Lario«, wie der Comer See dort wohlklingend genannt wird, nichts weiter als eine Sommerbadewanne für erholungsbedürftige Feriengäste, könnte man ihn getrost der Tourismuswelt überlassen. Mir indes kommt es auf seine fortwirkende geistige Mitgift an.

Es war ein Glückszufall, dass Konrad Adenauer, dank eines Hinweises von Heinrich von Brentano, Cadenabbia für sich entdeckte und dort 1957 zum ersten Mal Urlaub machte. So entstand aus dem anfänglichen Nururlaubsort ein Zusammenhänge stiftender Europaort, und der See bekam, über die friedliche Neubeziehung zwischen Deutschland und Italien, zwei der kriegsversehrten Länder, eine besondere Europasignatur dazu.

Der Lario, als Mittelton des Seedreiklangs aus Lago di Garda, Lago di Como und Lago Maggiore, wird dreifach umfasst: von der italienischen

Lombardei sowie vom schweizerischen Tessin und dem italienischen Südengadin von Graubünden. Goethe, auf dem Heimweg von seiner italienischen Reise, hatte vor 200 Jahren einen Blick für das Zusammenhängende, als er am 23. Mai 1788 aus Mailand an seinen Herzog Carl August schrieb: »Ich sah die Hügel um den Comer See, die hohen Bündener und Schweizer Gebirge vor mir wie ein Ufer liegen …«

Und Schiffe muss ein See haben; schöne Schiffe zu fernen Orten, und Fährschiffe, die flugs einen Seearm überqueren. See: nur-zu-Schiff-überquerbar. See: mal Segelschiffumstürzer, mal Ruderbootversenker.

Seeland ist Anregeland, und der Comer See ist für mich eines der leuchtendsten geistigen Wasserzeichen Europas. Es dauerte noch eine gute Weile, bis ich ein Bild vom Ganzen der geistigen Landschaft rund um den Lago di Como gewann. Nach und nach, dank der zahlreichen Aufenthalte in der Villa La Collina in Cadenabbia, gingen mir dafür die Augen auf.

So ein Alpengebirgssee wie der Comer See – der hatte mir noch gefehlt. Ohne ihn wäre mir eines der einmaligen geistigen Wasserzeichen Europas entgangen.

NORDFJORD MIT SÜDSEE:
ZWEIBEIN

LARIOS MERKWÜRDIGE GESTALT

Herrliches Einverständnis, weltweit: Alle Landkarten sind genordet. Ausgebreitet auf dem Tisch, ist oben immer Norden und Süden unten. Der Lario beginnt als Nordsee; ortslos zunächst dort, wo die Adda einmündet. Erster Nordhafen ist Colico auf der Ostseeseite, dem westseits Domaso und Gravedona folgen. Die Schiffslinien zickzacken dann ostseits zu Bellano und Varenna. Nun erst wird wieder das Westufer bedient: mit Menaggio. Zwei Südstädte bilden die Ecksteine im Westen und Osten – Como und Lecco. Durch den von Süden her vorgetriebenen Bergkeil, dessen Grundlinie die Landverbindung zwischen diesen beiden Städten ist, entstand die halbinselhaft anmutige Nasenspitze von Bellagio und damit verbunden die Seespreizung zum Lago di Lecco und dem geknickten Südarm, der bis Como reicht.

Auf einer betagten Landkarte mutet der Lago di Como inmitten des Gebirgsbrauns wie ein breiter Bergfluss an, der andersrum, von Como wie von Lecco her gleichsam aus einem Nichts zweiarmig entspringt, sich nordwärts wendend, um bei der Landspitze von Bellagio nun mit doppelter Breite ins Alpengebirge vorzuschwellen. In Wirklichkeit wird dieses Eiszeitgletscherschmelzwasser jedoch wie erwähnt im Norden von der Adda gespeist. Gleichwohl erinnert die Seegestalt in ihren Uferumrissen an einen zweibeinigen Seeleib, die Brust bei Gravedona im Norden nach Westen geschwellt, indes die Ostuferlinie von Colico bis Lecco das Rückgrat bildet. Allerdings fehlt diesem SeeZweibein der Kopf.

Dennoch, das Bild vom Körper will sich so rasch nicht verscheuchen lassen: Das Westbein knickt doch eindeutig bei Argengo das Knie, und jedes Seesüdende gleicht zwei Beinen, wenn auch verschieden langen.

Das zarte Seeblau in schreitender Menschengestalt bekommt in Nabel-

höhe eine Straßennabelschnur, die von Menaggio bis Porlezza reicht – zur seltsamen Schlangengnomgestalt des Lago di Lugano.

Da tut sich die schematisierte Seekarte auf einem Fahrplan der Gestione Navigazione Laghi Maggiore, di Garda e di Como leichter. Sie zieht einen breiten und stets schnurgeraden Strich vom Norden herab, der sich bei Bellagio in zwei Südseen teilt: Seeende / Südwest mit Como, Seeende / Südost mit Lecco.

Spannend erst wird der Seekartenblick, wenn man sich über eine Wanderkarte im Maßstab 1:35.000 beugt. Jetzt weitet sich der Lario herausforderungsgroß. Darüber hinaus verrät die Seelandkarte zuverlässig, dass die meisten aufeinanderfolgenden Villen an der Strecke Como–Brienno liegen, was freilich nicht bedeutet, die anderen wären weniger attraktiv. Wer die Villa Carlotta sucht, meint gewiss die bei Tremezzo – und nicht die gleichnamige an der Uferstraße zwischen Donegano und Urio. Der Lario hat also mindestens 13 verschiedene Ufer, wenn nicht mehr. Auch das macht ihn so einmalig schön.

Den ganzen Lario in einem Zuge zu umrunden ist schlechterdings unmöglich. Ein Mann und eine Frau hatten sich vor geraumer Zeit vorgenommen, die genau 171 Kilometer der Küstenstraße an einem Tag mit ihrem Opel Corsa zurückzulegen: Die ganze Strecke schafften sie nicht! Dafür aber wurden sie der unterschiedlichen Charaktermomente der Uferzusammenhänge gewahr. Zudem spürten sie die Hochspannung der Unterschiede: zwischen villendichten Uferpassagen und der Bergortewelt, mit ihren dramatisch weltfernen und doch auch weltnahen Lagen.

Die erste Einladung nach Cadenabbia hatte allein schon sehr verlockend geklungen, doch zugleich wollte ich dabei die Schweiz nicht nur im Transit durchfahren.

Zuerst dem vignettenpflichtigen Südlot folgend: Wie da bald nach dem Bodensee bei Bregenz das Almenrinderland der Schweiz beginnt und wie es nach dem langen San-Bernardino-Tunnel in Kehren ins schon italienisch Schweizerische hinabgeht, zur subtropischen Palmenfülle rund um Lugano. Bald setzt das schroff Jähe und das Gefährliche der Alpenfelsen ein. Jahrelang stets über den Brenner nach Italien gefahren, ging mir jetzt erst auf, was ich an Schweizerischem versäumt hatte – nicht nur an Landschaftlichem.

Im Tessin wollte ich einen Ort aufsuchen, der einen besonderen Querbezug zwischen meinem Franken und der italienischen Schweiz herstellt: In San Pietro di Stabio, nahe Mendrisio, hatte der Dichter Ludwig Derleth von 1935 bis zu seinem Tode 1948 gelebt. Der 1870 in Gerolzhofen, also im fränkischen Weinland Geborene hat nach einem abenteuerlichen Leben ein aberwitzig hymnisches Werk hinterlassen – mit dem verblüffenden Titel *Der Fränkische Koran*. Unheimliches und Unzeitgemäßes in einem ist da zu lesen. Dazwischen lodert urchristliche Leidenschaft, beinahe in Dostojewskij'schem Sinne, wenn er schreibt: »Das Wissen um die Mitverantwortlichkeit am Ganzen hat er (der heutige Mensch, *Anm. d. A.*) verloren.« Die Faszination dieses Unterfranken, der ab 1938 unbehelligt von all dem, was im Deutschland der Nationalsozialisten vor sich ging, im Süden der Schweiz schrieb, hat etwas Nietzschehaftes und zugleich etwas Existentialistisches. »Wichtiger als jede individuelle Tüchtigkeit ist die *virtus*, die aus der Hingabe an den Zweck des Ganzen resultiert.« Frappierend Derleths Hymnik, die auch Elemente aus der Welt von *1001 Nacht* mit einbezog. Hinzu kommt seine Lebensfreude, die am feurigsten aufleuchtet, wenn er zwischendurch auch den Wein preist:

Ein wahrer Freudenbringer ist der Wein,
ein Lastenheber, ein Ablaßgeber,
aller Trübsal ein Meister, ein Wonnepfleger,

ein Herzerheber, ein Erwecker der Liebe,
ein Tanzlusterreger, ein Taumelgebieter,
ein Springquell aller heitern Lebensgeister.
Über Meer und Land kein Potentat,
der so viel Untertanen hat,
der nicht mit dem Gesetz beschwert
und doch des Reiches Reichtum mehrt.

Wieder auf der Autobahn zurück, empfand ich den überdimensionalen Grenzübergang in Chiasso als abschreckend monströs. Ich war froh, bald nach Como in eine Seelandschaft zu gelangen, an deren Ufern auch Villen in subtropischen Ausmaßen zu gedeihen schienen. Freilich stellt sich bei so einer pompösen Vornehmheit sogleich auch das Gefühl einer Befangenheit ein. Doch dann, nach rund 640 Kilometern Fahrt: diese Adenauer-Villa – grandios gelegen und in der Ausstattung zugleich bescheiden.

Eines Nachmittags mit dem Fährschiff Stelvio hinüber nach Bellagio. In einer schmalen Treppengasse fiel mir eine Tafel mit dem Kopf von Franz Liszt auf. Sie weist darauf hin, dass er 1837 hier sein Klavierstück *Après une lecture de Dante* komponiert habe. Solche Hinweise sind mir wie Türöffner willkommen.

MORGENBLICKE

Warmes Ockergelb, zurückhaltend getönt, macht den Charme der Villa auf dem Berg überm See aus; norditalienisch auch insofern, als Hausfarben nie grell gewählt werden. Sie muten wie Erdfarben an. Von den drei Geschossen der Villa ist auch das oberste italienisch gehalten: ein wenig niedriger als die beiden unteren. Das entspricht dem italienischen Häuser-als-Würfel-Bauen: mal schmal, mal breit – stets mit flachem, leicht vorspringendem Walmdach; zuweilen, selbst in engsten Gassen, gerne dazu schmale Gitterbalkone vor Fenstern.

Die Treppe vom Eckzimmer Torino hinabgestiegen, komme ich im Treppenhaus an einer Büste Konrad Adenauers vorbei. Auch in der Porträtskizze von Graham Sutherland ist der blickstarke Kopf des ersten Kanz-

lers der Bundesrepublik Deutschland gegenwärtig. In der Bibliothek sind seine *Teegespräche* sowie die Erinnerungen jederzeit zur Hand.

Noch ist die Sonne nicht hinter der gegenüberliegenden Bergzackenlinie hervorgekommen, doch ihr Licht bescheint bereits die Bergspitzen im Westrücken der Villa. Tief unten der Comer See, den die Fähre von Bellagio her durchzieht. Der Blick fällt wie von selbst auf die gegenüberliegende Landspitze, hinter der ein Seearm zum östlichen Südende bei Lecco verschwindet. Der westliche Südarm ist auf unserer Westuferseite nur bis zu einer Biegung bei Lenno zu sehen, am anderen Ufer reicht er bis zu einer Villa bei Lezzeno. Jetzt zeichnet eine zweite Fähre die Verbindungslinie von Bellagio hinüber nach Varenna. Nordwärts verliert sich der Lario im Irgendwo des bergigen Ufers.

An dieser Seegabelstelle vereinigen sich Seeweite und Seeenge, so dass überschaubare Seenähe und unsichtbare Seeweite zusammenspielen: Greifbares – gehalten von Unendlichkeit und zugleich umgrenzt von unbesiedeltem und unverrückbarem Fels.

Mir gingen fürs Erste aber zwei Sätze aus Konrad Adenauers *Ateneo-Rede*, 1967 in Madrid gehalten, durch den Kopf: »Die Gefahr, politisch und wirtschaftlich machtlos und einflusslos zu werden …« Dazu seine von ihm so leidenschaftlich geforderte »Stimme eines geeinten Europa«, bis heute warnend: »Wir können nicht kontrollierte Objekte der herrschenden nuklearen Staaten werden.«

Diese »Villa Hügel« trägt also dem Bildsinn nach denselben Namen wie die Krupp'sche in Essen, am Baldeneysee. Doch er klingt hier viel bescheidener: eben bloß eine Villa oben auf dem Hügel. Indes wird sie von einem Garten gefasst, der von der heraufführenden Straßenkerbe ansteigt, hinterm Zaun grün umgürtet, wie von einem Tarnanzug, der sie verbirgt. Steile Treppen und mäandernde Wege, mal kiesknirschend, mal befahrbar geteert, muten beim ersten Besuch wie ein Labyrinth an. Die steil abfallende Seeseite des Gartens öffnet sich zum Lichtauffangen wie eine konkave Arena zur Sonnenseite des Lario.

Die spitzstachligen Schuppen an den dunkelgrünen Ästen der Araucarien wiegen sich wie Stachelschlangen. Diese aus Chile stammenden Bäume sind allein auf ihre Äste bedacht. Sie bilden keine Laubbaumkrone, sie sind Astausbreiter. Wie Schildwachen stehen sie vor der Villa. Ihr abschreckendes Panzerschuppenhemd wirkt zunächst abstoßend, denn sein Blattwerk, unmittelbar aus den Ästen hervorgetrieben, gleicht einer Rüstung. Dem Unvorsichtigen können die Stachelschuppen wie Sichelschnitte zusetzen. Araucarien gedeihen im mediterranen Klima gut. Ich sah allerdings eine von ihnen auch einmal im norwegischen Trondheim.

Inmitten der weiträumigen Pracht des Ausblickshügels steht eine Blutbuche, deren starkes hellgraues Astwerk sich schon knapp einen Meter über der Erde ausbreitet. Solche Solitäre brauchen viel Raum zum Prächtigwerden.

Während eines späteren Aufenthaltes in Cadenabbia fielen mir auf dem Weg in einer recht kurzen Zypressenallee grüne Eisenstäbe auf, die an ihrer Spitze rote Flammenköpfe tragen. Erst beim Rückweg bemerkte ich, dass jeder Stab ein kleines Täfelchen trägt: jeweils mit dem Namen eines Gefallenen aus dem Krieg von 1915–1918. In Italien währte der Erste Weltkrieg also nur drei Jahre.

Am Sonntag galt die heilige Messe den *defunti*, den Verstorbenen, aus ebendieser Zeit. Fahnenträger umstanden den Altarraum, angeführt von einem *colonello* des Malteserordens. Ein *monsignore* rühmte in seiner Predigt *la vigilanza*, die Wachsamkeit. Ausgehend von den biblischen »törichten Jungfrauen« riet er, genau hinzuhören auf *le parole della politica*. Man solle Augen und Ohren schärfen, um genau wahrzunehmen, was die Politik mit ihren Worten sage, andeute, in Wirklichkeit meine und zugleich verschweige.

Anschließend zog die Gemeinde zum Ehrenmal. Die italienische Musik der *banda* hatte auch bei dieser Gelegenheit nichts Kriegerisches, sondern eine angenehme Weichheit. Sie trägt das gemeinsame Gedenken – anders als bei uns ist militärische Musik in Italien nicht verpönt. Sie spielen hier in einer uritalienischen Mischung aus Melodischmelancholisch und Fröhlichkeck.

Am Morgen des Allerheiligentages feiner Regen, der dem subtropischen Grün einen Glanz verleiht, der gegen das Trübe anleuchtet. Dabei waren heute die Bäume ohne Schatten. Das Orange der Khakifrüchte begann in vollhängenden Bäumen zu leuchten nahe der Bar in der Via Brentano.

In der Pfarrkirche, deren Verputz an manchen Stellen schon recht wund wirkt, ist die *Sixtinische Madonna* in einer Glasfensterkopie gegenwärtig. Während der Predigt ging Don Andrea ganz nahe auf die Menschen in den Bänken zu: Die Heiligen seien keine Unerreichbaren, vielmehr ermunterten sie uns zum »sicheren Gehen«, wenn wir nur »eines Zieles gewiss« seien. Mir gefiel die Kraft, mit der er jede seiner liturgischen Gesten speiste.

Zwischendurch klaubte ich mir in einer Bar aus dem Zuckertütchenkorb das ein oder andere Beutelchen auf – besonders dann, wenn mehr als bloß Reklame daraufstand. Eine kleine Serie galt Sprüchen zur Besinnung: *Molto sa / chi non sa, / se sa tacere*, »Wer nichts weiß, weiß gleichwohl viel, wenn er nur rechtzeitig zu schweigen weiß«. Manche Zuckertütchen trauerten auf charmante Weise der »lieben alten Lira« nach: *Le care vecchie lire* stand unter briefmarkengroßen Abbildungen von 5.000er-, 10.000er-, 50.000er- und 100.000er-Lire-Scheinen.

Am Nachmittag des Allerseelentages zum Friedhof von Griante, der nahe am Seeufer von Cadenabbia liegt. Am monumentalen Grabmal der Familie Brentano das Wort *inconsolabile*, »untröstlich«. Das Wort erinnerte mich an einen anderen Grabspruch, der in seiner Einfalt alles einfach macht und zugleich doch nicht ganz aufgeht: *Marito esemplare / La moglie inconsolabile* – »Ein beispielhafter Ehemann / Die Gattin untröstlich«. So sendet manches Grab noch eine Botschaft.

TROCKENE SCHIFFSLINIENNETZE

Wie am Gardasee herrscht auch am Lario eine gewisse Winterruhe. Nur vier Fähren verkehren ganzjährig regelmäßig, um die Zentralorte miteinander zu verbinden: Cadenabbia, Bellagio, Varenna und Menaggio.

Wenn mit Frühjahrsbeginn die übrige Flotte wieder in See sticht, erweisen sich zwei Seegebiete als bevorzugt. Auf dem Untersee zwischen Como und Torno könnte man schon ab dem frühen Morgen fahren, während auf der ganzen Seelänge von Como bis Colico bloß einmal am Tage ein Schiff verkehrt, mehrmals verbindet am Tage jedoch ein *batello navetta* die zentralen Seeorte miteinander, das Centro Lago: von Lenno über Tremezzo, Villa Carlotta, Cadenabbia, Bellagio, Villa Melzi, Varenna/Villa Monastero e Cipressi und Menaggio. Dazu kommt die Verbindung Lenno-Bellano, die alle eben genannten Hafenorte anfährt.

Schließlich verkehren in dieser Vorsaison zusätzlich unterschiedliche Schnellboote, *aliscafi* bzw. *catamarani*, des *servizio rapido*, die den doppelten Fahrpreis kosten, dafür aber die ganze Strecke Colico–Como und umgekehrt in nur eineinhalb Stunden durchsausen.

Ich mag diese Schnellschiffe nicht. Die Landschaft zieht am Auge wie ein Filmschnelldurchlauf vorbei. Mir behagt das Gemächliche eines

Dampfers, das den Augen Zeit zum Hinschauen, zum Miterleben des Gestaltwandels der Landschaft Verdauungszeit gewährt, besonders beim Ritardando des Anlegens.

VOR DEM MARTINSTAG HINAUF ZU SAN MARTINO

Oft schaue ich zur nahen westlichen Felsenrückwand des Cadenabbiagartens. Sie bildet einen sachten Bogen, auf dessen schmaler Felsenklippe, gegen Norden zu, das Wallfahrtskirchlein vom Santuario San Martino liegt.

Ich machte mich auf, von der Villa La Collina durchs Dorf Griante mit seinen Schmalgassen. Wo der Weg hinauf abzweigt, fragte ich einen betagten Mann, wie lange ich wohl zu San Martino brauche. Der Mann wies hinauf und zeigte dabei auf ein Reh: Es sei die Höhe, die einem den Weg als sehr weit erscheinen lasse. Dann sagte er mit unverhohlenem Stolz, dass er selbst noch den *onesto Adenauer* habe sagen hören, dass er zwar weit in der Welt herumgekommen sei, aber einen schöneren Ort als Griante nirgendwo sonst gefunden habe.

SANTA BICICLETTA

Jetzt die Landkarte für Landwege aufschlagen. Wäre ich Bergwanderer oder Mountainbikefahrer, erschlösse ich mir gewiss den Bergnasenkeil, dessen Spitze Bellagio bildet. Sein Fundament liegt gleichsam auf der sanften Kurve, die Como und Lecco miteinander verbindet. Verlockende Schlaufenwege führen nordwärts hinauf nach Rezzago, Caglio und Sormano. Dazu die Berghöhen – 1300 Meter über dem Meeresspiegel.

Ich fuhr an einem hellen Nachmittag mit meinem kleinen Fiat aus Como hinaus und über Asso durch ein schmales Bergtal, an Barni vorbei, bis mich bei Magreglio ein Schild zur Madonna del Ghisallo lockte.

Noch lagen Schneeflecken auf dem Parkplatz. Scherenschnittschwarz hoben sich die Konturen von zwei Fahrradfahrern ab: der eine mit triumphierend erhobener Hand, die andere fest den Lenker umfassend, indes sein Kamerad als Gestürzter auf seinem verbogenen Drahtesel kauert. Das Denkmal auf kalkhellem Sockel zeugt von der Fahrradvernarrtheit in Italien. Was für eine schmucke, geradezu nacktmachende Tracht tragen die rasenden Rudel, wenn sie bergan in die Pedale treten und windschnittig auf ihren Gefährten bergab sausen. Es muss in Italien eine Nationalsucht zum Im-Schwarm-am-schönsten geben; wenn sie an Feiertagen als Seidenblaue oder als rote Glattlinge oder als Zitronengelbe zweirädrige Geschwader bilden – Geschwindigkeitsberauschte.

Für viele Italiener ist *la bicicletta* etwas Heiliges und Seligmachendes. Selbstverständlich hat die Kapelle am Bergrand einen Altar, und an Kerzen mangelt es nicht, doch der eigentliche Schmuck besteht aus Fahrrädern: lauter Rennräder in besonderen Farben. Was für Weihegaben! Je eine *bicicletta* von Fausto Coppi, von Eddy Merckx und von Gianni Motta, dazu das Gelbe Trikot von Miguel Indurain. Renngeräte, gleichsam als Seligmachende zu Kultgeräten erhoben und damit nicht nur den Rennradhelden huldigend, sondern zugleich auch all jenen, die in diesen Sport vernarrt sind. Auf einer Tafel eine Heiligsprechung, die die Schöpfungsgeschichte aktualisiert: ... *poi Dio creò la bicicletta perchè l'uomo ne facesse strumento di fatica e di esaltazione nell'arduo itinerario della vita ...* (»... und dann schuf Gott das Fahrrad, auf dass der Mensch daraus ein Instrument zur Anstrengung und zur Verherrlichung mache – auf der schwierigen Rennstrecke des Lebens ...«).

Die Madonna di Ghisallo wurde 1951 durch Papst Pius XII. zur Schutzpatronin der Radfahrer erklärt. Warum sollte es bei einem gläubigen Volk nicht auch eine eigene *patrona dei ciclisti* geben?

PASSEGGIATA
ADENAUER I

ZEITSPRUNG IN DIE JAHRE 1955 UND 1957

Der Weg zur Dorfkirche in Cadenabbia hat als Kirchländeweg den Namen *Passeggiata Adenauer* bekommen, eine Geste der Erinnerung und Zuneigung. In der Villa La Collina ist Adenauer unaufdringlich gegenwärtig – mal in Gestalt einer Bronzebüste im Vestibül der Eingangshalle, mal auf Fotografien; auch mit seinem Knautschhütchen, einem Pepitahut. Im Salon deutet der Koch auf eine großformatige Fotografie und sagt: »Der kleine Kerl da, der bin ich – da kam Adenauer gerade aus unserer Kirche in Griante.«

Abgesehen von einem einzigen Urlaub in Frankreich 1958 in Vence nahe Nizza, verbrachte der Urkanzler seine Ferien, die eigentlich stets Arbeitsurlaube waren, in Cadenabbia.

Zum ersten Mal fuhr er dorthin mit der Bahn von Bonn nach Como – am 24. Februar 1957; Rückfahrt am 18. März. Damals war er Gast in der Villa Rosa, der im Jahr 1958 die Villa Arminia folgte. Erst ab August 1959 stand ihm die Villa La Collina zur Verfügung. Fortan kam er Jahr um Jahr – meist zweimal im Jahr, wie auch in seinem letzten Urlaub als Bundeskanzler: die erste Spanne vom 16. März bis zum 19. April (letzter Termin um 19.30 Uhr noch beim Zahnarzt), sodann als Finale vom 19. August bis zum 16. September 1963. Am darauffolgenden 15. Oktober trat er als Bundeskanzler zurück.

Schon 1957 lagen ereignis- und erfolgreiche Jahre hinter ihm. Nur zehn Jahre nach Kriegsende war Adenauer 1955 in Moskau, um etwas Ersehntes zu erreichen: die Freilassung aller noch in der UdSSR ausharrenden deutschen Kriegsgefangenen. Die Sowjets ihrerseits waren an der Aufnahme diplomatischer Beziehungen mit der noch jungen Bundesrepublik Deutschland interessiert, zugleich pokerten sie, indem sie zwischen Kriegsgefangenen und Kriegsverbrechern unterschieden; letztere waren für sie erst gar nicht verhandelbar. Die deutsch-russischen Verhandlungen standen damals spitz-auf-Knopf. Adenauers Delegation erlebte russische Listigkeit. Während man einander mit Wodka zutrank, hatten die Russen in ihren Gläsern nur Wasser. Adenauer ließ sich von den machtausübenden Sowjetrussen nicht bluffen und fiel auf diese Finte nicht herein. Er überrumpelte einen Gesprächspartner, indem er kurzerhand die Gläser tauschte. Nicht zu vergessen, wie sich bei den schwierigen Verhandlungen der mitgereiste Carlo Schmid als SPD-Vertreter leidenschaftlich und rühmenswert für die gemeinsame deutsche Sache einsetzte. Schließlich gaben die ranghöchsten UdSSR-Regenten nach. Adenauer hatte ihnen ihre mündliche Zusage in schriftlicher Form abgeluchst.

Vergegenwärtigen wir uns zudem vom Jahr 1956: Ungarn und die Suezkrise. Eine Fotografie vom 4. März 1957 zeigt den seit dem 15. September 1949 Amtierenden im Gespräch mit den Journalisten Max Schulze-Vorberg und Walter Henkels. Was ging dem 81-Jährigen durch den Kopf? Was beschäftigte ihn? Zwei Tage vor der ersten Reise nach Cadenabbia, am 22. Februar 1957, führte Konrad Adenauer eines seiner Teegespräche. Es ging dabei auch um wichtige Schritte zu einer europäischen Zollunion.

Historisch beschlagen und weitsichtig hatte er wohl verstanden, dass alle »technischen Neuheiten« in »höchstem Grade raumverkleinernd wirken«. Er erinnerte an den »Deutschen Zollverein« von 1834 und was die Politiker damals zu so einer neuen und größeren Einheit sagten, »daß die ganze Welt zugrunde gehe, wenn man wirklich so etwas mache«. Adenauer erkannte die Notwendigkeit, im Nachkriegseuropa »diese Räume zusammenzuschließen«. Der Fortschritt »verlangt größere Räume«, sonst kann man sich »nicht bewegen und entwickeln«.

Dann folgte eine geradezu ewig gültige Maxime: »Und zweitens wird einem dann klar, daß man Risiken eingehen muß … Nichts auf der Welt ist ohne Risiko«, unterfüttert von dem Rat des Alten: »… und dann zu den Risiken die nötige Geduld einpacken, damit man etwaige Gefahren mit Geduld überwindet.«

Mit leuchtender Schärfe blickte er auf Europa, »das rohstoffarme und das kleine Europa«. Er sah voraus, dass »schließlich nur in der Gemeinschaft eines Europa auch für Frankreich die Zukunft liegt«. Bei alledem musste der Kanzler an die nächsten Wahlen denken. Im Januar 1957 lag die CDU in Umfragen bei 32 Prozent, im Februar bei 34 Prozent; die SPD kam im Januar auf 33, im Februar auf 29 Prozent; dazu gab es damals neben der FDP den Bund der Heimatlosen und Entrechteten BHE, die Deutsche Partei DP und die Freie Volkspartei FVP.

Es ging bei Adenauer auch um andere Zahlen: Förderung des wissenschaftlichen Nachwuchses, Gelder für den »Grünen Plan« an die Landwirtschaft – auf eine Zwischenfrage des Kanzlers Antwort: »Ja, eine dreistellige Zahl.« Daraufhin ein erschrockener Zuruf: »Also Millionen?« Adenauers Erwiderung: »Natürlich, ich denke doch nur in Millionen …«

Der Schlagfertige, der Gerissene, der genau Kalkulierende, der um Frankreichs Schwierigkeiten in den arabischen Ländern wusste, vor allem seit der französischen Militärunterstützung für Israel, und der also deutsche Straßen in Ägypten oder gar deutsches Engagement im Kongo durchaus für eine Option hielt, präsentierte damit seine lapidare Weisheit: »Man muß tatsächlich in der Politik manchmal Visionen haben.«

WEITBLICKE

VERBINDUNGEN

Einmal wählte ich für die Fahrt einen langsamen Landweg durch die Alpen. Wo sich die Straße von Osten her oberhalb des Comer Sees mit der vom Splügenpass trifft, da fiel mir ein, dass von einem dritten Weg, aus der Gegend um Sankt Moritz, Hermann Hesse einst zum Lario gewandert ist. In seiner Sommerreise erinnert er sich: »Noch nie hatte ich Italien auf einem schöneren Weg erreicht; auch der Sprachübergang durch das rhätische Romanisch hat eine besondere Schönheit.« Die »Zollsoldaten« nickten ihm nur zu, ohne ihn anzuhalten.

Ohne besondere Aufmerksamkeit passierte ich diesmal die Orte am Seeufer. Erst nach Menaggio stellte sich Vertrautheit ein. In Cadenabbia die wenigen Schlaufen hinauf. Der erste Morgengang gleicht einer Vergewisserung – und schon beginnt die Revue im Garten: Hecken voll blühender Azaleen; Rhododendren in unterschiedlichen Farben.

Mit der Fähre hinüber nach Bellagio. In der ersten Treppengasse, in einem der Läden, scheinbar nur für Touristen, wird allerlei aus Olivenholz angeboten, u. a. ein siebartiger Löffel zum Herausholen von Oliven aus einem Glas. Noch ein wenig durch den üppig angelegten Gartenpark vom Hotel Villa Serbelloni.

Bei einer Einladung in die Villa Vigoni stimmte mich die Begegnung mit dem betagten Gärtner Miro heiter. Er litt mit an der Pilzkrankheit, die seine Zypressen befallen hatte. In den 80er Jahren habe es hier sogar minus 25 Grad gehabt. Für diverse Gewächse reiche er ein Spezialfutter. So ausladend hatte ich bislang noch nie eine Schirmmagnolie gesehen. Dazwischen das Rotgelbschwarz vom *cardellino*, dem Stieglitz. Die äußere Erscheinungsform eines Baumes können wir wahrnehmen – die innere bleibt dem Nichtbotaniker verschlossen.

Die Gestalt des Parco Mylius-Vigoni hat ihre eigene Faszination. Zum einen bedingt durch das Zusammenspiel zweier Familien, der Mylius und der Vigoni; zum anderen durch die Verwandlung von einer ursprünglich »grünen Fabrik«, also einem Bauernhof, hin zu einem Park, in dem *gli artisti giardinieri* tätig waren – die »Gartenkünstler«. Ihre im Park angelegten Wege führen zu besonders markanten Bäumen, als ob man zu Fuß einen Bäumesee beführe, um jeweils nur an einer besonderen Baumvilla anzulegen. Und dazwischen Ausblicke auf den Comer See. Sie erinnerten mich an Friedrich Schnack, den Dichter aus Unterfranken, der 1963 *Im Zaubergarten* etwas dargestellt hat, was sowohl für den Park der Villa Carlotta als auch für den Parco Mylius-Vigoni gilt: »Die Natur spielt hier am gütigsten und lindesten – es ist die Landschaft Tremezzina.« Der Park an der Küste von Tremezzo als »das besondere Juwel ... Ein Zaubergarten nahe am See.«

Eines Abends sagte jemand in der La Collina bei Tisch, dass es drei Kategorien von Polen gebe: Die einen seien in allem Polonophile; die anderen kämen nur, um ihren Job gut zu machen; allein die Dritten sehnten sich nach einer Europanormalität. Nach einem Telefonat mit einem Mailänder Verlagsmann wurde mir wieder einmal deutlich, dass es für das Hineinkommen in eine bestimmte Welt immer einen Schuhlöffel braucht – in Menschengestalt, um eine Tür zu öffnen. Eigentlich müssen wir immer Fädenspinner sein – zu Hause und in Europa. Dazu der spanische Trost von José Ortega y Gasset in seiner 1954 erschienenen Schrift *Europäische Kultur und europäische Völker*: »Die europäische Kultur ist eine immer fortdauernde Schöpfung. Sie ist keine Herberge, sondern ein Weg, der immer zum Gehen nötigt. Es gehört eben zur europäischen Kultur als ihr vielleicht charakteristischster Zug, dass sie periodisch eine Krise durchmacht. Gerade das bedeutet aber, dass sie nicht, wie andere große geschichtliche Kulturen, eine verschlossene, auf immer kristallisierte Kultur war. Es wäre ein Irrtum, die europäische Kultur nach bestimmten Merkmalen zu definieren. Ihr Ruhm und ihre Kraft bestehen darin, dass sie stets bereit ist, über das, was sie war, hinauszugreifen, immer über sich selbst hinauszuwachsen.«

Als ich anderntags erneut mit der Fähre nach Bellagio hinübergefahren war, wanderte ich über den Bergsattel, um von dort aus einen Blick in den Fjordarm von Lecco zu werfen. Da sah ich, erkennbar an Tunnelbögen, dass dort jene *superstrada* verläuft, die ein zügigeres Vorankommen erlaubt, so jemand, ohne dem See weitere Aufmerksamkeit zu schenken, direkt von Lecco bis ans Nordende bei Colico oder weiter ins Valtellina oder zum Splügenpass kommen will. Eines Tages wird es sicherlich eine *superstrada* auf der Seeseite von Gera bis Como geben. Wer weiß, wann, im Gegenzug für das längst mit der *autostrada* gut angebundene Como, auch Lecco einen Schnellweg zum naheren Bergamo erhält.

Eines Abends gab es in der La Collina ein Kammerkonzert *with musicians from »The Scala« of Milan*. Unter den Gästen war auch Lord George Weidenfeld. Ich hatte keine Ahnung, was es mit dieser souverän wirkenden und eleganten Gestalt auf sich hatte. Da kümmerte es mich auch nicht, als jemand zu mir sagte: »Was, Sie kennen Lord Weidenfeld nicht?« Als ich einige Zeit darauf in Wien zu tun hatte – es ging um die Herausgabe meiner Nachdichtungen des russischen Dichters Jewgenij Jewtuschenko –, kam ich mit der Verlagsleiterin auf Lord Weidenfeld zu sprechen. Sie stand auf und gab mir sein *Von Menschen und Zeiten. Die Autobiographie.* Ich war verblüfft über die Weltsterne, die diesen Mann umgaben. Der 1919 in Wien Geborene emigrierte 1938 nach Großbritannien. Er wurde Verleger und für eine Weile Berater des israelischen Präsidenten. Den voluminösen Band durchblätternd sah ich auf Fotos Lord Weidenfeld u. a. mit Harold Wilson, Daniel Barenboim, Hubert Burda, Henry Kissinger, Präsident L. B. Johnson, Moshe Dayan – und 1964: »Konrad Adenauer gibt einen Empfang am Comer See. Lady Pamela Berry vom *Daily Telegraph*, der gemeinsam mit uns Adenauers Memoiren herausgab.« Natürlich suchte ich weiter nach Adenauer … Ich stieß auf diesen Passus:

Ein weiterer deutscher Politiker im Programm von Weidenfeld & Nicolson war Kanzler Adenauer. Bevor wir seine Erinnerungen herausbrachten, besuchte ich ihn mit Lady Pamela Berry und einem Lektor von Plon, wo zeitgleich die französische Ausgabe erschien, in Cernobbio am Comer See, wo er Jahr für Jahr seinen Urlaub verbrachte.

Da die anderen nicht Deutsch sprachen, nahm mich der alte Herr beiseite, und wir gingen eine Weile im Garten spazieren. Adenauer hatte die wunderbare Gabe, komplexe politische Fragen zu vereinfachen. Hochtrabende Formulierungen lagen ihm nicht, er zog es vor, auf der Ebene des

Kaffeeklatschs über Politik zu diskutieren. Außerdem war er ein unver-
besserlicher Spaßvogel, genüßlich erzählte er, daß er Witze über sich sam-
melte. Zum Beispiel den von Nikita Chruschtschow und dem damaligen
britischen Erziehungsminister Eccles.

Chruschtschow hatte Eccles gefragt, ob er an den Teufel glaube. Eccles
hatte gemurmelt, er glaube nicht buchstäblich an ihn, aber an Gut und
Böse. Mit dieser Antwort war Chruschtschow nicht zufrieden und fragte
noch einmal: »Glauben Sie an den Teufel?« Diesmal beschied ihm Eccles,
nein, er glaube nicht daran, worauf Chruschtschow sagte: »Ich glaube an
den Teufel, und was noch besser ist, ich bin ihm schon begegnet – in
Gestalt von Dr. Adenauer.«

ZEITMARKEN

In der Nähe von Dongo ist Mussolini kommunistischen Partisanen in die
Hände gefallen. Nach einer verzögernden Finte ihm gegenüber wurde er
dort erschossen. Anschließend sind die Leichen von ihm und seiner Geliebten Chiaretta Petacci kopfüber in Mailand aufgehängt worden. Nach
des *duces* letztem und längst bedeutungslos gewordenen Machtbereich in
Salò am Gardasee und nach misslungener Flucht Richtung Schweiz: der
standrechtliche Tod am Comer See. Eine Quelle nennt dafür Dongo, eine
andere eine Stelle bei Azzano – also eine Mussoliniklammer zwischen beiden Seen.

ZAFFERANO MARCA 3 CUOCHI

Am Ostufer des Luganer Sees wollte ich einen Aberwitz mit eigenen Augen sehen: Campione d'Italia ist eine italienische Exklave am schweizer
Ufer. Der elegante Megagigant des Casinos wirkt wie ein globaler Geld-
magnet; dabei hörte ich Russisch als erste Luxussprache. Anschließend
der Kontrastsprung ins Einfachitalienische: Im Dorf Cima am italienischen Seitenarm des Lago di Lugano, gleich neben der Bar an der Straße,
an einer kleinen Platzbucht, ein Lebensmittelladen. Darin lachten mich

drei Köche auf einer postkartengroßen und briefdünnen Packung an. Mit weißen Kochmützen bringen ein Europäer, ein Chinese und ein Afrikaner ihr Backwerk mit Safran: *Zafferano marca 3 cuochi* (vier Päckchen à 0,15 Gramm) – »Eier und Mehl, Safran macht den Kuchen gehl.«

Was wären wir ohne solche Gewürze? Eine Kleinigkeit nur – eine andere übermittelte Konrad Adenauer 1960 in seinem Dankschreiben an Mario Scelba, den damaligen italienischen Innenminister; etwas hatte des Kanzlers »Frieden der Landschaft« sehr gestört. Er beobachtete »besonders an Samstagen und Sonntagen Motorboote, die mit unvorstellbarem Knattern die friedliche Stille zerreißen. Vielleicht ist es möglich, durch polizeiliche Maßnahmen diesem Unfug Einhalt zu gebieten…« Für eine gute Weile hatte der *cancelliere* Erfolg.

Worauf die Carabinieri hier doch alles achten müssen. Da denke ich an meinen Freund Gaetano Calcagnile, den 1957 geborenen *generale* der Carabinieri, der in diesem gefährlichen Beruf, zwischen Antidrogenkampf, Bombenattentaten, wie in Bologna, und Jagd nach Entführern sich an diese Maxime zu halten versuchte: *Usi obbedir tacendo e tacendo morir!* – »Schweigend gehorchen und schweigend sterben«.

Meister im Ausnutzen vorgegebener Plätze sind sie hier allemal. Die Durchgangsstraße von Lenno her macht einen Knick, und schon ergibt sich ein Platz für mindestens fünf Marktstände. Ein Vertreter der *polizia locale* leitete kundig die einen weiter, die anderen hier- und dorthin. Oberhalb der Mercatofläche fand sich zudem ein Parkplatz. In der Bar am Kreuzungseck die Zeitungen – mit Vorblick auf die Regionalwahlen. Nach dem *caffè* den schmalen Steinweg hinab zum See; durch enge Gassen, deren eine den Namen der langobardischen Regina Teodolinda trägt, und wieder ein Plötzlich als Gassenfinale: eine Piazza, zum Lario gewandt. Dort steht vor einem ansehnlichen Restauranthotel prachtvoll ein Baum. Von kundiger Hand in Form geschnitten: der mehr als haushohe Kegel einer noch nicht blühenden Magnolie. Die Blätter im Regenglanz, lackgrün. Das Laubwerk dicht geschlossen.

Ungefähr in meiner Kopfhöhe setzt der untere Rand des Blattwerks ein. Mit Schritten durchmesse ich das Kegelrund und komme auf 15 Meter Grunddurchmesser. Die Mammutmagnolie strahlt aus: königlich, stattlich, prächtig herangewachsen. Sie macht aus dem kleinen Hafenplatz eine Begrüßungsstelle für den See.

MANZONIS
LÄNDEREIEN

Anfang Dezember leuchtete es da und dort orangewarm. Die heranreifenden Kugeln in den laublosen Khakibäumen stachen hervor. Auch auf der Fahrt nach Lecco nahm ich diese Winterglut in vielen Bäumen wahr. Ich staunte über die immer zudringlicher werdende Dichte der beschneiten Berge, die den Lario wie eine Festung umschließen. Ich wollte eigentlich nur mal hineinschauen in die Südoststadt am Lario. Mitten im Gekurve fiel mir mehrmals das Schild zur Villa Manzoni auf. Diese Villa, ein wenig außerhalb des Stadtzentrums, macht den Eindruck eines innerstädtischen Palazzo. Um 14.00 Uhr würde das Museum öffnen.

Bergabwärts Richtung Ortsmitte fahrend, lockte am Straßenrand ein Schild zu einer Trattoria. Ich betrat den Raum, stutzte, weil er nur eine Bar zu sein schien, fragte dann doch nach dem *ristorante*, eine junge Frau wies freundlich über den Hof. Dort tat sich das Gesuchte als Erwünschtes auf: Es war die Antica Trattoria Americo. An solchen Lokalen ist Italien noch immer reich. Rund zwölf Vierertische sind genug, kräftige Holztische; an den Wänden Bilder, auf dem Tisch in der Mitte allerlei Geräte aus alten Zeiten – Behaglichkeit. Es gab Spaghetti mit Rehragout, dazu Polenta mit Hasenbraten. Als Spezialitäten gelten hier *lumache e cacciagione*, Schnecken und Wildbret. Die Stimmen an den anderen Tischen klangen angenehm leise, der Tischwein schmeckte.

Im darauffolgenden April erneut dorthin. Ungefähr zwölf Kilometer vor Lecco wandelt sich das Gebilde der Landschaft. Aus der flachen Nutzebene wird Bergtalland; noch ist das Schroffgezack rund um den Lario außer Sichtweite. Wohltuendes Verlangsamen. Die Berge sperren sich gegen Platzbedarf; es wird enger. Linker Hand ein Seefleck, der Lago di Annone, ein bescheidener Seevorbote des Lario. Der Verkehr stockt, die schmale

Straße wird zur Stauzeile längs einem Häusertobel, der noch lange nicht Lecco ist. Bei einer Brücke blitzt ein Seestück auf, und erst hinter Malgrate steigt das bergige Lecco auf, als ob sich seine Häuser wie eine schon zu groß gewordene Schafherde bis in die letzten Berghänge drängten, bevor das Jähsteile dahinter jeden weiteren Bauzugriff abweist.

Zeit für Lecco. Ich suche eine Platzmitte, finde nichts dergleichen und wundere mich, dass unweit der Fußgängerzone der See beginnt – freilich ohne die Ufereleganz von Como: als wäre hier nur eine Fußgängerpromenade und kein Hafen. Zwei etwas abseits vertäute Dampfer muten wie Verirrte oder gar wie Ausgemusterte an. Dem Fahrplan nach ist hier Anfang April noch gar kein Schiffsverkehr vorgesehen. Stattdessen lächelte an der Promenade mit stattlichen Platanen knallbunt und einladend ein Karussell.

Wieder einmal das italienische Selbstverständlich bei einem Gefallenendenkmal, das mir als Deutschem übertrieben vorkommt: heroische Kämpfer, Gefallene, eine Frau mit großem Rind auf der Flucht – monumental und anteilnahmsvoll zugleich, letztlich an *vittoria*, einen Sieg, erinnernd.

Auf dem Bahnhof ein Klingeln, wie aus Urzeiten hertönend. In einer Glocke, die von einer Almkuh stammen könnte, bimmelt permanent penetrant der Klöppel – er verkündet eine Zugankunft auf *binario 1*.

Ich besteige den Zug. Kaum habe ich einen Blick auf das schmale Seebecken westlich von Lecco geworfen, taucht der Zug schon in einen Tunnel. Rasche Helldunkelwechsel: schmale Ufersäume mit Campingplätzen, Tunneldunkel, Ausbuchtungen am Ufer, Palmengestrüpp, hier und da Olivenbäume und das hellgelbe Kugelblühgeleucht der Mimosenbäume. Aprilhelles Kirschblütenweiß. Zwischen der eingleisigen Bahnstrecke und dem bebauten Land, wie bei uns auch, ein Streifen Niemandsland – mal mit Unrat, mal mit Holzvorrat. Hinterhofwelt. Rechter Hand Felssteilwände, ab und an vom Wassersilber der Sturzbäche eingekerbt.

In Dervio muten Fabrikhallen wie nicht mehr gebrauchte Industriereste an. Doch überall, wo Bewohnbares entstand und fortgedeiht, derselbe Eindruck: ein homogener Baustil, noch auf engstem Raum, ein familiäres Baumiteinander mit seinem Dicht-an-dicht. Zwischendurch Kiesbuchten, Strandrand für Boote; an der Bergseite immer wieder tiefe Einschnitte herabstürzender Wildbäche.

Der Zugbegleiter befährt diese Strecke seit 35 Jahren. Noch nie sei ein Unglück passiert, und auf der eingleisigen Strecke habe es auch noch keinen Zusammenstoß gegeben. Verdutzt sehe ich zu, wie nach jeder Haltestelle der Mann mit einem Vierkantschlüssel die Zugtüren allesamt mit einem Griff verschließt. Er hält mir die Tür zum Führerstand auf, links der Zugführer, gelassen und entspannt mit wenigen Handgriffen beschleunigend, verlangsamend, wieder Gas gebend und anhaltend. Von allen Stationen gefiel meinem Zugbegleiter Varenna am besten – das sei einer der schönsten Orte am See überhaupt, »mit den Schluchten seiner Treppen«.

Ganz vorne im Zug ins Tunneldunkel tauchend – wie es für eine kurze Weile stockfinster wird. Den Geübten entginge keine unerwartete Bewegung. Das hier sei ja eine alte Linie, und unser Zug habe schon gut 50 Jahre auf dem Buckel.

Nach der nächsten Finsterstrecke beginnt das flachere Nordoberland. Das Steilgestein scheint weiter entfernt. Jetzt erst sah ich, wie groß sich die Seebucht hinter der Halbinsel mit dem Kloster von Piona landseits auswölbt – wie eine Geheimbucht, vom Schiff aus so kaum wahrzunehmen. Für die Einheimischen ist es der Laghetto di Piona.

Ankunft Colico 13.23 Uhr, Rückfahrt vom selben *binario* um 13.37 Uhr: Zeit genug für eine auf dem Bahnsteig erlaubte Rauchpause.

Der Bahnhof von Colico ist noch eine richtige *stazione*: Mindestens einen rotbemützten Mann ernährt er Tag für Tag – allein schon das gute Gefühl, dass da bei jeder Ankunft und Abfahrt jemand seinen Mann steht, dass ein Mensch nach dem Rechten schaut und die Schülerscharen im Auge behält.

Auf zwei nebeneinander angebrachten Marmortafeln entdeckte ich folgende Zeilen:

In Memoriam
Kandó Kálmán
1869–1931
magyar mérnök

Neben der ungarischen Tafel stand, wenn auch nicht in ganz synchroner italienischer Fassung, dass der *ingeniere* der Firma Ganz aus Budapest zusammen mit den italienischen Eisenbahnen im fernen Jahre 1902 (am 4. September) zum ersten Mal auf der Welt »projektiert und gebaut« habe die »erste elektrische Linie« mit einer Drei-Phasen-Hochspannung – von Lecco nach Sondrio und von Colico nach Chiavenna.

Was für ein ungarisch-italienischer Regenbogen! Die ungarische Bahn MÁV, die italienische FS und die Firma Ganz-Ansaldo legten einen Eisenbahngrundstein für unser Europa, der immer noch hält – ungarisch verbürgt: »MÁV, FS és Ganz-Ansaldo RT.« Ich behaupte: Am Lario lächelt Europa, und sei es auch nur augenzwinkernd aus zwei Marmortafeln, die einer Bahnheldentat gedenken.

Während der Zugrückfahrt nach Lecco erfreute mich auch hier, angesichts der passierten Orte, das Durchhalten der Baugestaltungskraft im stets ansteigenden Uferbergland. Sie bleiben in diesen Ansiedlungen bei der ganz in sich stimmigen Bauweise mit ihren Hauszeilenkaskaden; immerzu mehrgeschossige Dörfer.

Bei Langsamfahrt wird einem klar: Wer hier nicht tagtäglich unterwegs sein muss, der wird immer wieder Überraschungen in und nach Kurven erleben. Kein Wunder, dass an diesem Seearm Villen erst vorne, an der Nasenspitze der Halbinsel von Bellagio, gebaut worden sind. So wird diese Passage, mitsamt den letzte Schlaufen vor dem Städtchen, zur Geduldsprobe und zugleich zum Staudamm für Erwartungen: »Bald muss doch was Besonderes kommen …«

Die Spitze dieses Landkeildreiecks bei Bellagio heißt Punta Spartivento: Hier »teilen sich die Winde«. Bevor diese Dreiecksspitze mit ihrem Buckel selbst wieder zu Bergland wird, nach Süden zu, bietet sie als Glanztupfen zehn Villen an – mehr ließ die Lage wohl nicht zu: auf der Nordseite Villa Poncete und die sanftgelbe Villa Giulia; nahe der Windeteilerklippe die Prachtstrotzenden: Villa Mareschalchi, Villa Serbelloni und das Grandhotel Villa Serbelloni.

Nicht zu vergessen die zweigeschossige Villa Besana mit ihrem Turm und obendrein auch noch die Villa Trotti, sowie die geradezu französisch elegante Villa Trivulzio, die ihr Schlossmittelstück durch zwei anschließende kleine Schlösser schmückt, so dass die ganze Villa wie ein nobles langes Triptychon am Seeufer wirkt. Im Parkgarten dahinter blitzt noch eine romantische Kirche hervor. Trotti und Trivulzio verfügen jeweils über eine eigene Hafenmauer, so dass auch bei stärkeren Wellen Besucher ihre Freude an der Freitreppe haben.

Schließlich, der Nachmittagssonne zugewandt, gleichsam als Südvillen, die Villa Melzi und, schon bei San Giovanni, die Villa Orlando. Jetzt nur noch ein paar Kehrenschlaufen hinab – und gar nicht erst in den Kernort von Bellagio hinein. Seit dem 1. April sind die Pforten des Ufergartens der weißen Villa Melzi geöffnet, bis Ende Oktober.

IM BLÜHENDEN GARTEN DER VILLA MELZI

Niemand sollte zunächst wissen, dass der Komplex der Villa Melzi zwischen 1808 und 1810 durch Francesco Melzi d'Eril angelegt worden ist, vom 1753 geborenen »Fürsten von Lodi«, dem Vizepräsidenten jener »Repubblica Italiana«, die nur dank Napoleon bestand. Zur Hand hatte dieser Adlige den Architekten Giocondo Albertoli, einen Vertreter des sogenannten Neoklassizismus. Melzi nutzte seine Sommerresidenz bis zu seinem Todesjahr 1816. Gedacht war das Zusammenspiel von Villa und englischem Garten als eine »seltene Harmonie« – geschwisterlich verwandt mit dem Park der Villa Reale im nicht weit entfernten Monza. In der Villa Melzi war auch Franz Liszt zu Gast. Stendhal rühmte ihren Park; seinerzeit überquerte er einmal mit drei Offizieren den See von der Villa Carlotta her in zehn Minuten. Am Vorgebirge von Bellagio erlebte er den See in der »Form eines umgedrehten Y«.

Der Nachmittagssonne mildes Licht beleuchtet Bäume und Blumen. Es scheint, als breite das Gras dazwischen die Abstände so aus, dass jedes Gewächs genau den Freiraum erhält, den es zum Erglänzen braucht. Im Garten bleibe ich vor einer wuchtig hohen *Sequoia sempervivens*, dem Küstenmammutbaum, stehen. Ihr dunkelgrünes und zierlich gefächertes Nadellaub spielt mit dem rötlich Rissigen ihres kräftigen Stammes zusammen. Ein paar Schritte weiter, da bildet das lang- und zugleich zartnadelige Gespinst einer Pinie beinah eine grüne Höhle dank ihrer vielfach gewundenen Äste.

Nah beisammen stehen zwei weitere Pinienexoten aus Mexiko und Guatemala: *Pinus devoniana* und *Pinus montezuma*. In Gedanken verset-

zen sie mich ins spanische Mittelamerika, zu Octavio Paz und dessen Essay *Schönheit und Nützlichkeit*. Er hatte einen Blick für die »schöne Gestalt«, für die »Schönheit«, die »körperlich ist«. Er erinnert an die »Gegenstände des Handwerks«, als man »keinen Unterschied machte zwischen dem Nützlichen und dem Schönen«. Denn »die Schönheit war die Aura des Gegenstandes«.

Wo der baumreiche Garten am Ufer sich ein wenig zum See vorwölbt, leuchtet zartblau die Kuppel eines weißen Tempels, durch dessen glaslose Fensterbögen ein klassizistischer gipsweißer Frauenkopf über den Lario blickt – mit seiner Schönheit aus einer ganz anderen Empfindungszeit.

Nun säumt den Weg eine lange Reihe stattlicher Platanen. Ihr Rindengefleck bildet ein Farbtrio aus Hellgrau, Steinweiß und Olivmoosgrün. Jemand anders könnte darin das Urbild der Tarnfleckenbemalung an heutigen Kampfpanzern erkennen. Diesen Bäumen ist das ganze Feingeäst so abgeschnitten, dass die übrig gebliebenen Starkäste wie Knollenstümpfe anmuten. Doch schon bald werden die scheinbar brachial Verstümmelten wieder austreiben und ihren Laubdachschirm ausbreiten. Vor den Bäumen stehend wie vor einer Tür – Octavio Paz antwortete ihr so:

Was ist da hinter dieser Tür?
Klopf nicht, frag nicht, keiner antwortet,
keiner kann öffnen,
nicht der Dietrich der Neugier,
nicht das Schlüsselchen der Vernunft,

nicht der Hammer der Ungeduld.
Sprich nicht, frag nicht,
tritt näher, leg das Ohr an:
Hörst du keinen Atem?

Der 1945 geborene Maler Peter Angermann sagte unlängst: »Was wir als ›die heile Welt‹ verspotten, das ist die heile Welt.«

ROMANRIESENGEBIRGE

In einem Geschäft mit dem üblichen Allerlei sah ich einmal auch ein kleines, beidseits spitzbugiges Holzschiff: sehr flach, indes inmitten von drei breiten Holzbögen überwölbt, die ihrerseits von drei Längslatten zusammengehalten werden. Ich fragte, ob dieses typische Boot vom Comer See auch einen Namen habe. »Lucia«, lautete der Bescheid.

Natürlich wusste ich seit langem, dass Alessandro Manzonis Roman *Die Verlobten* zu den italienischen Klassikern gehört und dass Lucia eine der Hauptfiguren ist, aber hingezogen hatte mich dazu bislang nichts. Muss man das heute noch lesen, ein Sittengemälde aus dem 19. Jahrhundert? Domenico Carosso, der einen Gedichtband von mir ins Italienische übersetzt hatte, meinte Ja und schenkte mir die Neuübersetzung von Burkart Kroeber. Ich schlug auf:

Jener Arm des Comer Sees, der sich nach Süden wendet, um zwischen zwei ununterbrochenen Bergketten lauter Buchten und Busen zu bilden, je nachdem die Berge vorspringen oder zurückweichen, verengt sich beinahe mit einem Schlag, um Lauf und Gestalt eines Flusses anzunehmen, gesäumt von einem Vorgebirge zur Rechten und einem weiten Küstenstrich auf der anderen Seite; und die Brücke, die hier die beiden Ufer verbindet, scheint dem Auge diese Verwandlung noch sinnfälliger zu machen und die Stelle zu bezeichnen, wo der See aufhört und die Adda wieder beginnt ... Die Küste, geformt aus den Ablagerungen dreier mächtiger Wildbäche, schmiegt sich an die Hänge zweier benachbarter Berge, deren einer nach Sankt Martin heißt und der andere in lombardischer Mundart »il Rese-

gone«, »die große Säge«, wegen der vielen aneinandergereihten Gipfel-
zacken …

Wege … so dass man, wenn man die Augen hebt, nur ein Stück Him-
mel und einen Berggipfel sieht … Und dann schweift der Blick durch mehr
oder minder ausgedehnte, aber stets abwechslungsreiche und immer Neues
bietende Aussichten …

Und das Liebliche, das Anheimelnde jener Hänge mildert auf gefällige
Weise das Wilde.

So beginnt Manzoni.

Die Liebesgeschichte von Renzo und Lucia, die durch den hitzköpfigen
Don Rodrigo in äußerste Bedrängnis gebracht wird, gerät zu einer Leidensgeschichte, in der es eine Spirale der sich steigernden Nötigung gibt. Doch
nach und nach greifen auch jene hilfreichen Hände zu ihren Gunsten ein,
so dass in einem wundersamen Hin-und-her sich beidseitig Besinnung
und Umkehr ereignen – bis zur glücklichen Rettung.

Die dramatische Geschichte ist das eine. Hinzu kommt das ungemein
Aktuelle in Gestalt des Krieges zwischen willkürlicher Macht und den von
ihr Bedrückten. Noch ergreifender ist, wie sich in den Ereignissen von
Flucht, Ohnmacht, Vertreibung, Gefangenschaft, Pest und krimineller
Hinterlist immer wieder rettende Umkehr, Einsicht, ja Bekehrung ereignen kann, wenn sich im rechten Augenblick die geradezu göttliche Begegnung zwischen starken und schwachen Menschen ereignet.

Während der Lesereise durchs Hochgebirge Manzoni werden das Damals, als es noch kein heutiges Italien gab, und das Heute der Lombardei gegenwärtig: zwischen dem Lario bei Lecco, Monza, Mailand und Bergamo, mit dem Fluchtweg über Gorgonzola und Tezze, mit dem Ausweg über den Fluss Adda, hinüber ins Bergamaskische, das zur Romanzeit venezianisches Ausland für das spanische Hoheitsgebiet von Mailand war.

Kein Wunder, im Nachhinein, dass Johann Peter Eckermann in seinen Aufzeichnungen *Gespräche mit Goethe* am 15. Juli 1827 vermerkt, dass Goethe soeben einen »Roman in drei Bänden und zwar von wem? von Manzoni« erhalten habe. Am 18. Juli war Goethes erstes Wort, »dass Manzonis Roman alles überflügelt, was wir in dieser Art kennen«, und er brauche nichts weiter zu sagen, »als dass das Innere, alles, was aus der Seele des Dichters kommt, durchaus vollkommen ist, und dass das Äußere, alle Zeichnung der Lokalitäten und dergleichen, gegen die großen inneren Eigenschaften um kein Haar zurücksteht. Das will etwas heißen.« Goethes Bewunderung gipfelte in dem Satz: »Manzonis innere Bildung … beglückt uns als eine durchaus reife Frucht. Und eine Klarheit in der Behandlung und Darstellung des Einzelnen wie der italienische Himmel selber … Er hat Sentiment, aber er ist ohne alle Sentimentalität.« Allerdings fügte Goethe einige Tage später doch diesen Einwand an: Manzoni habe »zu großen Respekt vor der Realität«, und »der deutsche Übersetzer« müsse »die Beschreibung des Krieges und der Hungersnot um einen guten Teil, und die der Pest um zwei Drittel zusammenschmelzen, so dass nur so viel übrig bleibt, als nötig ist, um die handelnden Personen darin zu verflechten«.

Einverstanden: Die Schilderung der Pest ist eine lange Lesedurststrecke, gleichwohl für das Buch von elementarer Bedeutung. Im 38. Kapitel sagt eine junge Witwe zu den noch nicht Verheirateten: »Ich möchte wirklich gern etwas mehr von diesem See und diesen Bergen sehen, von denen ich schon so viel gehört habe. Das wenige, was ich davon schon gesehen habe, scheint mir ganz wundervoll.« Dieses Wundervolle ist ohne das Entsetzen nicht zu haben. Manzonis Schilderung der Pest findet eine Fortsetzung in der *Pest* von Albert Camus. Beide Romane stellen auf ihre Weise die Gefangenschaft einer Gesellschaft als elementares Schicksal dar.

Der 1827 erstmals erschienene Roman, der in überarbeiteter Fassung zwischen 1840 und 1842 in Mailand herauskam, war nur als eine *Storia mi-*

lanese del secolo XVII, nicht als Roman, ausgewiesen, doch bald galt er als Beginn der italienischen Literatursprache. Er findet in der Neuübersetzung von Burkhart Kroeber eine derart gegenwärtige, ja geradezu hochmoderne Entsprechung, dass Tempo, Dramatik, Disput und Ironie in einer Neuinstrumentierung mit Worten erklingen. Der neue deutsche Übersetzer ist das Wagnis eingegangen, sich »Glanz und Elend der Übersetzung« zu stellen. In seinem Essay *Miseria y esplendor de la traducción* hat Ortega y Gasset zunächst das an sich Unmögliche solchen Unterfangens dargestellt. Am Beispiel einiger baskischer Worte zeigt er, dass dort dem Wort für Gott eine ganz andere Bedeutung zugrunde liegt als in christlich geprägten Sprachen: »Jedes Volk verschweigt einige Dinge, um andere sagen zu können. Weil ›alles‹ zu sagen unmöglich wäre.« Sprachen, so der Spanier, gehen »von verschiedenen seelischen Bildern« aus und von »ungleichen geistigen Systemen«. Letztlich jedoch kann es gelingen, »genau das zu übertragen«, was »nicht deutsch ist«. Genau das schafft Burkhart Kroeber, indem er das Damalige aus Manzonis Zeit in unser heutiges Empfinden überträgt. Etwa, wenn er von einer »katastrophalen Lage« sprechen lässt und »das Volk« auf der Stelle begreifbar für uns so erscheint, wie es im italienischen Original gewiss nicht dargestellt wurde: »… und aus alledem bildete sich eine enorme und konfuse Masse von kollektivem Wahn.« So spüren wir im neuen Sprachfahrwasser, dass damals etwas geschah, was wir Heutigen uns mit dem Wort »Panik« augenblicklich vorstellen können.

Die neue deutsche Übersetzung bestätigt auf wunderbare Weise die Zuversicht des mexikanischen Nobelpreisträgers Octavio Paz, der in seinem Essay *Übersetzung: Wortkunst und Wörtlichkeit* überzeugend darlegt, dass bereits »Sprechen lernen« schon ein »Übersetzen lernen« bedeute. Er überzeugt mit der Einsicht, dass zwar »jeder Text einmalig«, doch zugleich nie »gänzlich original« ist, »weil Sprache selbst ihrem Wesen nach bereits eine Übersetzung ist: zunächst der nichtverbalen Welt«. Unser Nachdichter Kroeber schildert erfrischend seine Arbeitsreise zwischen Scylla und Charybdis, also zwischen »Syntax-Treue«, »Tempus-Wechseln« und den »Effekten« und »Nebenwirkungen«. Dazu gehören auch die sprechenden Namen wie etwa der »Rechtsverdreher« und »Wirrwarrstifter«, der Doktor Azzeccagarbugli.

Ist dieser Comer-See-Roman mit all seinen »Hindernissen« nicht auch ein Lehrstück für das Verzeihenlernen? Ebenso stellt er das Glück der Heimat dar und den Mut, sich einmal eine neue Heimat zu schaffen. Inwieweit sich in diesem Epos auch Manzonis eigene Bekehrung zum Glauben seiner Taufe widerspiegelt – sein Paulus-Erlebnis soll sich in einer Pariser Kirche ereignet haben –, das bleibe den Lesern anheimgestellt.

Ein weiterführendes Buch, in dem sich jeder Leser gespiegelt auch selbst erfahren kann. Denn »so sind wir Menschen nun einmal: Wir rebellieren empört und wütend gegen die mittleren Übel und beugen uns schweigend den größten; wir ertragen nicht resigniert, sondern blöde den Gipfel dessen, was wir zu Anfang unerträglich gefunden hatten.«

»Glanz und Elend der Übersetzung«: Manzonis Roman, der immer wieder zu Lecco und dessen Umgebung zurückkehrt, uns nach Mailand und Monza führt, die Grenze zwischen den venezianischen und lombardischen Machtgebieten erleben lässt, macht somit aus der Landschaft vom Comer See zugleich eine Gegend europäischer Zusammenhänge, die unter den seinerzeitigen Machtkonstellationen dort als Europa empfunden wurden.

Faszinierend auch die vor Ort überraschende Gegenwärtigkeit und das Fortwirken im Bewusstsein höchst unterschiedlicher Leser in der Lombardei wie auch im benachbarten Veneto. Padre Lorenzo vom Kloster Eremo am Gardasee bezeichnete Renzo als den Vertreter des einfachen Volkes, der für Gerechtigkeit eintrete und in alle Fallen der Mächtigen tappe – damals wie heute. Bei einer Schiffsrückfahrt im April, von Lenno nach Como auf dem betagten Dampfer Milano, kam ich mit einem der Schiffstechniker ins Gespräch. Auch ihm waren die Hauptfiguren aus Manzonis Roman sogleich gegenwärtig. Er fragte, ob ich wisse, dass vier Boote der *flotta* Namen von Personen aus den *Promessi Sposi* trügen. Ich tippte auf »Renzo« und »Lucia«. Er nickte und nannte die beiden fehlenden, »Fra' Cristoforo« und den »Innominato«, und fügte hinzu: »Solche Tüchtigen wie der ›Pater Cristoforo‹ und ›Der Ungenannte‹ dürften uns nie ausgehen.« Ein paar Tage später, nach der Überfahrt von Varenna nach Menaggio, lag dort im Hafen das weiße Boot namens »Innominato«. Sogleich sah ich Szenen vor mir, in denen der Gangster, der im Roman stets nur »der Ungenannte« heißt, angesichts der entführten Lucia das erlebt, was wir als heftige Gewissensbisse bezeichnen, und der daraus das nicht leichte Umdenken in sich selbst vollzieht und eine radikale Kehrtwende schafft. Sie wird befeuert durch die Haltung des ihm entgegenkommenden Kardinals Borromeo.

Während meiner Lesereise suchte ich die Villa Manzoni auf, ein wenig außerhalb des Stadtzentrums von Lecco. Sie machte den Eindruck eines innerstädtischen Palazzo. Ein warmtönig ockeroranges Plakat, das Bauernhäuser am schmalen Seeufer zeigte, versprach einen passenden Einblick mit der Ausstellung *Illustrare Manzoni*, mit Bebilderungen zu Manzoni aus der »Sammlung von Monsignore Franco Longoni«.

Im Museum gab es Bilder der *luoghi manzoniani*. Anhand dieser ManzoniRomanorte konnte ich mir die dörfliche Atmosphäre gut vorstellen, in der die Geschichte beginnt. Streng schaute der gemalte Manzoni in schwarzer Jacke aus, der weiße Hemdkeil unterm Kinn vom Schwarzsamt einer Fliege begrenzt. Der Blick des Dichters wirkte scharf, wie wenn er mehrere Aspekte zugleich im Auge habe, um zu einem besonnenen Urteil zu gelangen. Dieses Durchschauende in Manzonis Schilderungen hatte mir längst zu gefallen begonnen. Wie da die verwöhnte Tochter eines Fürsten aus allerlei Gründen gezwungen wird, Nonne zu werden; wie sie, ihrer eigenen Zukunftswünsche beraubt, sich nun in die Religion schickt und dabei ihren Stolz »als Mittel zur Erlangung irdischen Glücks« beibehält. »Derart ihres wahren Wesens beraubt, war die Religion nicht mehr Religion, sondern nur eine Larve.«

Aufschlussreich wurde für mich noch eine zweite bildliche Annäherung. Sie begann, als ich die noch im Handel erhältliche Übersetzung von Ernst Wiegand Junker erhielt: *Die Verlobten* mit allen Illustrationen der Mailänder Ausgabe von 1840. Von Bild zu Bild sich das schon Gelesene noch einmal vergegenwärtigen – wie da in 403 Vignetten eine Begleitgeschichte in szenischen Momenten das vermeintlich Unsichtbare vergegenwärtigt. Das Authentische von Landschaft und Architektur bildet das Widerlager zu den imaginierten Porträts der Personen: wie etwa der arme Don Abbondio vom Kardinal zur Rede gestellt wird. Das Illustrierende freilich bleibt an die Erscheinungswelt von damals gebunden. Das Kunstsprache Gewordene bedarf der illustrativen Ergänzung heute nicht mehr. Dennoch vermag auch diese optisch opulent gemachte Ausgabe als Bereicherung dieses Romans zu bezaubern.

SEEERKUNDEN

SEHFAHRT MIT ORIONE

Ein heller Aprilsonntagmorgen. Zeitig machten wir uns nach Como auf, um dort rechtzeitig das Schiff zu erreichen: für eine See- und Sehfahrt. Ein paar Schritte nur an der Rückseite des Doms vorbei, sodann am Hafenbahnhof, und schon beginnt die Ufergerade mit dem breiten Hafenbecken.

Jetzt legte unser Schiff an. Es glich in seiner schnittigen Eleganz der Andromeda vom Gardasee und hieß, ebenfalls sternbildschön, Orione.

Um 12.11 Uhr hat Orione beim Villenort Cernobbio schon Lust gemacht auf einen künftigen Landgang zu Prachtvillen wie: Erba, del Pizzo und dem *albergo* der Villa d'Este. Lauter Seeblickadel, darauf bedacht, »die Schönste« vor dem Seespiegel zu sein. Hier wurde ich erstmals gewahr, dass nicht wenige der Villen auf dem Grund einstiger Klöster errichtet wurden, nicht selten von kardinalen Kirchenfürsten. In den Namenregistern wechseln die Benennungen immer wieder – wie die der Besitzer. Weiße Türme wechseln mit Dunkelrot und Sandgoldgelb; in mancher Villa noch der samtene Charme des *Empire* – dazwischen beharrliche Trutztürme von Kirchen an Berghängen. Glitzerspiele und Prunk, Vortäuschen und Blenden mischen sich immer wieder, wie einst bei Karoline von Braunschweig, die als Gattin des englischen Königs Georg IV. im Jahr 1815 die Villa erwarb und sie »Villa d'Este« nannte. Sie nahm an, Vorfahren aus dieser hochberühmten großen Familie Italiens zu haben.

Um 12.22 Uhr legt Orione, nachdem er das Kap der Villa Pizzo passiert hat, in Moltrasio an. Mich faszinieren die Faltenzüge der herabgezogenen Bergflanken, die beidseits tiefe Kerben gebildet haben. Und jetzt der Gegenblick hinüber zum anderen Ufer, nach Torno. Dieses Wechselspiel mit dem nachbarlichen Gegenüber. Dazu die Verwegenheit des Bauzugriffs, unmittelbar am Ufer sich gegen die wilde Bergflut mit Häusern stemmend:

was für sachte Farbflecke in Urio – mit Gelb-, Orange- und Sandtönen, jeweils mit Ziegelrot flach bedacht. Und mit einem Mal das Hellgelb gegenüber, die allein stehende Perlengestalt der Villa Pliniana im Muschelgrün ihres Ufers. Auf deren Seite das Schrundenwilde, das den nächsten Ort, Faggeto Lario, einschließt und das Ufer dort unbetretbar erscheinen lässt. Und auch der nächstfolgende Ort am gegenüberliegenden Ufer zeigt die verwegene Kühnheit der Hausbauer, die, wo es nur geht, die Häuserleiber miteinander so verbinden, dass sie wie festgehakt an den Hängen erscheinen; immerzu im selben Stil, nur in den Verputzfarbtönen ein wenig verschieden. Wir zählen auf der Fahrt die Häuserzeilen, verzählen uns immer wieder und einigen uns darauf, dass die Uferhangorte am Lario allesamt mindestens 17-stöckige Siedlungen sind, wenn man jede zusammenhängende Häuserzeile als ein Stockwerk betrachtet.

Die Uferlinie macht nun einen sachten Knick, und nach einer knappen Viertelstunde hält Orione auf die Inselzwergin Isola Comacina zu. Diese kleine ufernahe Insel vor Augen, fällt es nicht schwer, sich vorzustellen, dass hier einmal etliche Kirchen standen. Dieser Landfleck bildete einst ein stattliches Gemeinwesen, zu dem sogar umliegende Festlandsorte gehörten. Es trat dazu als Kriegsmacht auf. Es wird berichtet, dass nach allerlei kriegerischen Händeln, während derer sich die *isola* sogar mit der Stadt Como anlegte, Truppen von Como und Gravedona diesen Störenfried anno 1124 belagerten. Dabei verlor die Insel ihre »gesamte Flotte von rund hundert Booten«. Jedenfalls nahmen die Kämpfer von Comacina im Gegenzug, mit Unterstützung durch Mailänder Truppen, im August 1127 sogar Como ein und plünderten dort. Doch dauerte es nicht lange, bis Como anno 1158 Rache nahm und bei einem Massaker die meisten Inselbewohner ins Jenseits beförderte. Fortan soll das Inselchen unbewohnt geblieben sein, wiewohl es irgendwem weiterhin gehörte. Aus welchen Gründen dieser Landfleck im Lario dann im Mai 1914 an den belgischen König Albert kam, weiß ich nicht; der jedenfalls schenkte nach einem einzigen Augenschein sein Wasserkönigreich dem italienischen Staat, mit der Auflage, daraus einen Ferienplatz für Künstler zu machen – so berichtet Siegfried Obermeier.

Inzwischen war Orione in Lenno angekommen. Am Ende des langen Landestegs ist ein zierliches Gebäude errichtet: Fahrkartenschalter mit WC und Wartehäuschen. Bei leichtem Regen stiegen wir aus, um nach einer kurzen Pause mit einem anderen Schiff auf anderer Route nach Como zurückzufahren. Am Ufer erfreuten uns Schirmkronen von Pinien und ufernahe Gärten.

SOLO FÜR DAS PAAR IN DER VILLA CARLOTTA

Orione war längst hinter dem Uferbogen des Tremezzo verschwunden. Um 13.34 Uhr würde er am eigenen *pontile* der Villa Carlotta anlegen. In Gedanken fuhr ich bis dorthin mit, stieg dort aus und ging durch den heckengesäumten Vorhof, die Stufen der zwiefachen doppelläufigen Freitreppe hinansteigend, langsam die Anhöhe erreichend, auf der sich das dreigeschossige weiße Gebäude erhebt.

»Villa« meint hier eigentlich einen Palast, der eine Idee des Barock anschaulich macht. Es ist architektonische »Selbstdarstellung«. Der Bildhauer Wieland Förster hat in seinen Reisetagebüchern *Die Phantasie ist die Wirklichkeit* dargelegt, was das Barock »zur Gewinnung seiner Identität«

brauchte: »Überredung« und »Pracht«, »Illumination« und »Farbfeuer-werk« – seine Anlagen haben stets etwas »Inszenatorisches«.

Über die Freitreppe hinabblickend: Die Stufen kaskadieren hinunter, durch die geschickt angelegten Querstränge von Baumzeilen und Hecken-riegeln. Die Wege werden schmaler und schwingen wieder aus, umrunden ein Brunnenbecken, werden gestaut vom durchsichtigen schmiedeeiser-nen Gittertor, und der Blick überspringt den Streifen der Uferstraße davor, um sogleich über den See zu schweifen: hinüber zur Uferlinie von Bellagio.

Beim ersten wie beim zweiten Besuch erinnerte mich das Durchschrei-ten der Räume an das beklemmende Gefühl, das einen auch in den baye-rischen Königsschlössern befallen kann: »Rühr nichts an! Keinen Sessel darfst du benutzen! Geh rasch hindurch! Schau keine Löcher in all die Kostbarkeiten!« Das Unbewohnte macht kalt. Erst draußen im Wunder-reich des Bäumegartens fühlte ich mich wieder wohl. Natürlich hatte ich manches in den Schauräumen übersehen. Habe ich etwas versäumt? Ei-gentlich ist darin doch alles nur »Boudoirdekoration«. Ja, mindestens eine Sache hatte ich nicht gewürdigt, auch wenn ich sie in ihrer kalten Glätte wahrgenommen habe. Den versäumten Blick öffnete mir ein Buch von Wilhelm Hausenstein, der im nationalsozialistischen Deutschland geblie-ben war, wiewohl auf Anweisung des Propagandaministeriums seine *Kunst-geschichte* eingestampft wurde. Wegen der Ehe mit einer Jüdin war er aus der Reichspressekammer ausgeschlossen worden, womit jede publizistische Arbeit unmöglich blieb. Doch bereits 1945/1946 kann er wieder veröffent-lichen. Konrad Adenauer war es, der den frankreichkundigen »Kunstschrift-steller« Hausenstein berief, um 1950 als Generalkonsul der Bundesrepu-blik in Paris erster Vertreter eines neuen Deutschland in Frankreich zu werden.

Im Herbst 1946 hatte Wilhelm Hausenstein in Tutzing, am Starnberger See, seine *Begegnungen mit Bildern* abgeschlossen, die 1947/48 erschie-nen – noch versehen mit der »Military Government Information Control License Nr. US-E-125«. In diesem Buch begegnete ich jenen zwei, deren Köpfe vor dem Küssen innehalten. Die nackten Arme der Frau umfassen den Lockenkopf des jungen Mannes, der seinerseits mit der Rechten den Kopf, mit der Linken die bloße Brust der nackten Frau umfängt. Es ist das Werk *Amor und Psyche* des Bildhauers Antonio Canova (1757–1823), das er zwischen 1785 und 1795 schuf. Diese Marmorskulptur steht in der Villa Carlotta.

Dieses Paar vor Augen, las ich bei Wilhelm Hausenstein: Der in Bassano, im Veneto, geborene Canova habe die besonderen Farben des venezianischen Deckenmalers Giambattista Tiepolo »in einen Marmor vom feinsten Korn verwandelt«. Den »Glanz dieser alabasternen Leiber« bestaunend, sieht Hausenstein, dass sie »beinahe noch dem Porzellan des 18. Jahrhunderts ähnlich sind: es ist der malerisch-flüssige Glanz des Rokoko, und die Körper. Zu sehr gedichtet, um Fleisch zu heißen, dennoch zugleich von der ihnen innewohnenden sinnlichen Anziehung ins Menschlich-Wirkliche gespannt – diese Körper regen sich in der Geschmeidigkeit jenes ebenso elastischen wie hellen Zeitalters. Doch unversehens geht dieses Rokoko in eine dem Feierlichen zustrebende Klassik über, welche dem Empire die noble Haltung gab.«

Hausenstein entdeckte, dass »das Klassische« in »diesem Bildwerk an der dauernden Lebenskraft der Antike wieder erwacht«. Schließlich dies Anrührende von Begreifen und Staunen zugleich: »Dieser Kuß geschieht schon in den Augen, die im Marmor verborgen sind. Er geschieht, ehe er sich ereignet: ehe der Gott (›Amor‹), aus seiner Höhe niederfahrend, auf diese vergänglichen Lippen (der ›Psyche‹)« sich herablässt. Hausenstein gewahrt hier die »Begegnung des Göttlichen mit Irdischem«. Sein Blick erkennt an der Linienführung beider Figuren, wie Unmögliches durch Kunst möglich wird: »Schräghin fließt Psyches ›verlorenes Profil‹ ins Unendliche, gleichsam (wenn das paradoxe Wort erlaubt ist) ein Umriß des Grenzenlosen, der dort beginnt, sich abzuzeichnen, wo der Umriß des Begrenzten aufhört, zu sein.«

Hausensteins Deutung begreift an diesem Spiegelbild, was einst zu Kunst und Leben gehörte und hier zu sehen ist: »In diesem überschwenglichen Bild der Liebe ist auch der Zauber des Maßes wirksam. Menschliches und Göttliches verschmelzen im Zeichen einer genau begrenzten und regierten Form nicht weniger als in einem Schwärmen über alle Schranken.«

Dieses ideale Paar bietet sein großes Solo in einem der Räume der Villa Carlotta. Dessentwegen scheint sie ihren besonderen Sinn zu bekommen – als Fassung für etwas Geglücktes, das nach wie vor zu beglücken vermag.

MIT MILANO ZURÜCK

Unerwartet näherte sich der Anlegestelle von Lenno das Bild des gewiss schon 100 Jahre alten Schaufelraddampfers Milano. Längst wird er nicht mehr von seitlichen Mühlrädern angetrieben, doch das Tiefliegende des langschlotigen Schiffes ließ einen im Glauben, auf alte Weise befördert zu werden. Mit seinem einstigen Antrieb hätte es das Schiff gewiss nicht bei der Abfahrt in Menaggio um 13.10 Uhr geschafft, nun schon um 14.00 Uhr weiterzufahren.

Milano legte um 15.53 Uhr im Hafen von Como an. Den Parkuhrschein hatte ich mit einer kleinen Zugabe versehen, so dass noch genügend Zeit blieb, um über den großen freien Platz beim Hafen zu schlendern. In den Buden des Frühjahrsmarktes wurden getrocknete Fische angeboten, allerlei lokaler Käse und Salami aus Wildschwein-, Gänse- und Rehfleisch.

COMO, EINE SEEHAUPTSTADT

An einem Dezembertag auf dem Platz hinter der Seepromenade, dem *lungo lago*, wuselte eine Menge von Menschen. Von ferne sah es aus, als übten sie gerade anmutige Bewegungen für ein Ballett mit Pinguinen. Ein Geviert war als Eislaufbahn hergerichtet. Die noch auf wackligen Beinen herumkurvenden Eisläufer schoben als sichere Stützen Pinguine auf breiten Kufen vor sich her. Dahinter waren Buden aufgestellt, die so ähnlich aussahen wie die in Mitteleuropa aufgestellten Weihnachtsmarktbuden. Ihre Angebote indes schmeckten nach lokaler Herkunft. Der Blauschimmel, seit langem in der Provinz von Como als Gorgonzola hergestellt, war ebenso darunter wie getrocknete *agone*, die sprottengoldgelb glänzenden kleinen Fische; dazu Wildschwein- und Rehsalami und, besonders verlockend anzusehen, Teller voll getrockneten Obsts, zu einer Farbpalette angeordnet. Am Hafenplatz, mit den Schiffen in Winterruhe, ging mir auf, dass Como und Lecco die einzigen Provinzhauptstädte Italiens sind, die an einem großen See liegen.

Friedrich Nietzsche hatte am 20. September 1888 sein »schönstes Oberengadin« in Sils-Maria verlassen. In seinen *Nachgelassenen Schriften* zur

Götzen-Dämmerung findet sich nur seine kurze Berührung mit Como:
»Nach einer Reise mit Zwischenfällen, sogar mit einer Lebensgefahr im
überschwemmten Como, das ich erst tief in der Nacht erreichte, kam ich
am Nachmittag des 21. in Turin an, meiner Residenz von nun an.«

Dass Como unmittelbar an der Hafenbucht einen eigenen Bahnhof hat,
das ist schon rühmlich genug. Um auf einen Sprung nach Milano zu fahren, könnte der nicht besser gelegen sein. Vielleicht wurde er nur gebaut,
um schiffsreisenden *milanesi*, aus ihrem Villennorden am Lario eintref-
fend, die sofortige Heimfahrt zu ermöglichen, ohne sie zum weiten Weg
zur *stazione* zu nötigen, sofern jemand nicht von dort nordwärts *via Svizzera*
reisen will. Im Nordbahnhof von Como also beschloss ich eine Kurzfahrt
mit dem Triebwagenzug. Bis Milano-Nord war es mir zu weit. Doch da las
ich unter den Haltestellen den Ort Saronno. Ich wollte nur den Ort gesehen haben, aus dem die entzückenden roten Blechdosen der Amaretti di
Saronno stammen.

Como, ein uralter römischer Vorposten, der noch etwas von der stren-
gen Ordnung lateinischer Stadtgründungen hat: wie die Stadtkerne von

Verona, Regensburg und Trier. Von Como haben sich, neben den beiden Plinii aus dem ersten nachchristlichen Jahrhundert, zwei Namen im öffentlichen Bewusstsein gehalten: Giambattista Boldoni, ein Buchdrucker und Namensgeber für einen Schrifttyp. Und der berühmte Alessandro Volta, dessen Entdeckung eines »Elektrophors«, anno 1775, dazu führte, dass der kontinuierlich fließende und kontrollierbare elektrische Strom, seine Spannung, mit Volt bezeichnet wird.

Die römisch gegründete Stadt Comum hat auch unter einem anderen Aspekt große italienische Verwandtschaft: Wie Mailand u. a. mit den Visconti, Genua mit den Doria und Grimaldi, Florenz mit den Medici, Mantua mit den Gonzaga, Rom mit den Borgia und Venedig mit den Foscari und Loredan jene »großen Familien« hervorbrachten, die maßgeblich die Landesgeschichte mitprägten, so kann sich Como der Odescalchi rühmen. Einer von ihnen wurde im Jahr 1676 zum Papst gewählt und zeichnete sich als Innozenz XI. dadurch aus, dass er, im Gegensatz zur landläufigen Tradition, keine Verwandtschaft in den Kardinalsrang erhob.

BERGBAHN NACH BRUNATE

In der Fremde scheint das zustimmende Ertragen von Kontrasten leichterzufallen; wenn sie nahe beisammen sind, nur von einer hauchdünnen, doch undurchdringlichen Grenze getrennt, erwartet man bisweilen, dass dennoch eine Osmose zwischen ihnen gelingt. Ihrer wurde ich gewahr, als ich eines frühlingshaften Tages Ende Februar den Platz überquerte, wo nun anstelle der Eislaufbelustigungen schon das Vorösterliche Einzug in die Marktbuden hielt.

Als ich am Nordbahnhof vorbei zu einem zierlichen Bahnhof aus Holz schlenderte, da beschloss ich, von dort mit dem *funicolare* die Bergschräge hinauf nach Brunate zu fahren. Von der Stadt aus ostwärts bergan schauend, wirkt ein gelber Waggon zunächst wie eine verspätete Skifahrergondel, die zur Unzeit durchs noch winterliche Bergbraun hinaufgezogen wird – bis mein stutzender Blick begreift, dass das Spiegelbild auf derselben Schnurgeraden von oben entgegenkommt. Wenn inmitten der Strecke beide einander ausweichen, ist der Schreck vorbei. Ticket lösen, hinein ins

Gefährt mit den waagerechten Sitzen auf schrägem Untergrund, und schnurrend wird es hochgezogen. Je mehr die Bahn an Höhe gewinnt, desto weiter reicht der Blick in Bergkuppen mit ihrer Waldwildnis. Unten, am *lungo lago*, ist nichts zu sehen von der Ausdehnung des Larios nach Norden. Oben indes schwindet die bedrängend wirkende Enge der Stadt. Hier teilt sich etwas von der alpinen Unermesslichkeit der Lombardei mit, die mich so bislang nur bei der Gipfelkapelle des Sacro Monte von Varese ergriffen hatte. Es ist die tief gestaffelte Südalpenweite, die wir von der Kehrseite, an der Nordseite im bayerischen Süden, nicht kennen. Wer diese Nordweite Italiens nicht gesehen hat, dem fehlt ein Charakterzug dieser Landschaft.

Von Brunate aus noch ein Stück weiter bergan gehend, bis zur Passhöhe von über 700 Metern, reicht der Blick nun bis ans nördlichere Gegenüber der Orte Torno und Moltrasio. Von der dortigen Villa Erker Hocevar aus konnte der Komponist Vincenzo Bellini beim Komponieren seiner Opern *La Sonnambula* und *La Straniera* hinüberschauen zur verehrten Sängerin Giuditta Pasta und ihr lauschen, wenn sie am anderen Ufer in Blevio seine Melodien sang.

Ein andermal dieselbe Funiviastrecke zur Abendzeit befahrend, wenn künstliches Licht Comos Konturen markiert, schien mir Comos Lage einem Kelchgrund zu gleichen: ein wahrlich schöner Bodensatz im Kelchglas des Larios. Von hier oben leuchtet ebenso ein, dass Como seine strenge römische Urform nicht fortsetzen konnte. Um zu wachsen und mitzuhalten, vermochte die Stadt allein sich südwärts auszudehnen. Ich teile Guido Ceronettis Meinung aus seinem *Albergo Italia* vom »häßlich geworden« nicht: »Como ist mittlerweile furchtbar häßlich und verhärtet geworden; dem See, vom Schiff aus gesehen, verbleibt ein Zauber, sofern man so vorsichtig ist, das schreckliche Tragflächenboot zu vermeiden … Von dort aus sieht man die erhabene Landschaft wie etwas Unsauberes und Staubiges.« Form- und gestaltloser sind die Agglomerationen zwischen Monza und Mailand. Como verlandet nach und nach, bildet vorörtliches Gefleck mit beinahe noch behaglichen vorstädtischen Gesichtszügen.

PASSEGGIATA
ADENAUER 2

PORTRÄTS VON SUTHERLAND UND KOKOSCHKA
VOR AUGEN

Wieder zurück im Gelände der Villa La Collina. Im Tagungsbereich sind junge Leute mit Zukunftsvisionen für Europa beschäftigt, als Gäste der Konrad-Adenauer-Stiftung. Der Namenspatron ist allgegenwärtig, freilich mit nobler Zurückhaltung. Es sind meist Bilder, die ihn vergegenwärtigen. Karikaturen ergänzen sie, augenzwinkernd.

Zu dieser Bildgegenwart gehört auch eine Ölstudie zum Adenauer-Porträt, das Graham Sutherland 1965 präsentierte. Den insgesamt zwölf Porträtbildern war die erste Begegnung zwischen Maler und Modell 1958 in der Londoner Botschaft vorausgegangen, der dann im September 1963 in Cadenabbia die eigentliche Auseinandersetzung folgte, an insgesamt neun Sitzungstagen. Der Kanzler war von Sutherlands Arbeiten angetan, er schrieb ihm, dass er sein »Inneres sehr gut zum Ausdruck gebracht« fände. Adenauers größtes Kompliment: »Herr Sutherland hat mich als denkenden Menschen gesehen.«

Den Maler faszinierte, »mit Menschen zu tun zu haben, die Verantwortung und Kämpfe auf sich nehmen«. Zu seiner Vorstellung von einem guten Porträt gehörte Ähnlichkeit, um »alle charakteristischen Züge, Bewegungen und Spannungen eines Kopfes und Körpers in malerische Werte einzuschmelzen«.

Bei den Arbeitssitzungen im Freien, auf der überdachten Terrasse der Villa, muss es munter zugegangen sein. Auch für den 75-jährigen Maler war ja das Eingangstor zu passieren, an dem italienische Polizisten, Zweisprachige aus dem Trentino, keinen ungebetenen Gast einließen. Sutherland, in jungen Jahren zum Katholizismus konvertiert, hatte Verständnis für Adenauers unverblümtes Geständnis, dass seine »Liebe zu England nicht überwältigend« war. Auf den Maler und den ihn begleitenden Fotografen Felix H. Man wirkte der 87-Jährige durch Frische des Geistes, ungebeugte Körperhaltung und Offenheit beeindruckend. Am Ende der Malerarbeitstage erlebten die englischen Gäste noch ein grandioses Feuerwerk zu des Kanzlers Ehren, »an den märchenhaft illuminierten Ufern des Comer Sees … Ein Motorboot stand für Adenauer bereit, das für ihn und seine Gäste auf dem magisch beleuchteten See kreuzte. Sekt wurde gereicht und auf das Wohl des Kanzlers getrunken.«

Sutherland hat seine Adenauer-Porträts mit der Genauigkeit eines Naturforschers begonnen; das »prägnante Oval des Kopfes« ist die organische Form. Zur Gestalt gesellen sich Gestik und Blick. In der Endfassung des großen Porträts kommt das Ornamentale von Pflanzen hinzu, die auf den ersten Blick an das Formenreiche der Bäume und Blumen im Garten der Villa La Collina erinnern – und damit auch an das *real privilege* dieser Lage, an die Sutherland in seinem Brief an Adenauer vom 3. April 1965 erinnert.

Angesichts solcher gemalter Bilder treten rein dokumentarische Fotografien im Rang zurück. Sie bilden nur ab und bestätigen die Existenz als solche. Diesen Eindruck habe ich jedes Mal in jenem Achterraum der Villa, der »Bundesratsstube«, in der viele Ministerpräsidenten mit ihrem Konterfei präsent sind. Bei jedem Besuch fiel mir die nur relative Haltbarkeit dieser Regierenden auf und wie rasch der eine oder andere ins Loch des Vergessens fällt.

Zu Lebzeiten eignete sich Konrad Adenauer vorzüglich für Karikaturisten, die sich in witzigen Verkürzungen über ihn lustig machten, ohne ihn zu verunglimpfen; »gar nicht so pingelig« sei er gewesen, das bestätigt auch eine Sammlung von *Anekdoten um Konrad Adenauer.* Wenn das Aktuelle erloschen ist, was strahlt dann in gemalten Bildern weiter von so einer Gestalt aus?

Am meisten spricht mich jenes Bildnis an, das Oskar Kokoschka 1966 in Cadenabbia begann. Fotografien der Begegnung zwischen dem Maler und dem »Alten vom Berge« geben eine entspannte, ja heitere Atmosphäre wieder. In den Blautönen des Anzuges steht der Dargestellte gelöst und gefasst in hellfarbiger Umgebung, in deren Hintergrund lediglich eine Brunnenschale angedeutet ist. Seine hohe Gestalt erscheint wahrhaftig ohne Pathos. Der Maler hatte den »harten Schädel nahe genug« vor Augen. Eine besondere Grundierung der Malarbeit ergab sich aus der ungezwungenen

Begegnung zwischen beiden. Kokoschka, der nicht wenigen Großen, wie Tomáš Garrigue Masaryk, Ezra Pound und Pablo Casals, begegnet ist, bekannte: »Wir haben uns gleich zu Beginn befreundet.« Ein Dokumentarfilm bestätigt diese Unbefangenheit zwischen beiden auf wundersame, aber auch respektvolle Weise.

In seinen Erinnerungen *Mein Leben* erwähnt Kokoschka etwas, das er an Adenauer entdeckt hatte und das er bildlich zum Ausdruck bringen wollte:

Adenauer hatte nach einer katastrophalen Geistesverwirrung des deutschen Volkes diesem erst seine verlorene menschliche Identität zu Bewußtsein zu bringen ... Adenauer wollte sein Volk moralisch rehabilitieren.

Ein Jahr vor Adenauers Tod war Kokoschkas Porträt vollendet. Als es zum Signieren kam, da ereignete sich diese Szene, die der Maler schilderte:

Ich hob mein Glas Whisky, um Adenauer zuzutrinken. »Und ich krieg nichts?« rief er aus. Meine Frau schenkte ihm ein, und er, der nur seinen Rheinwein gewohnt war, leerte sein Glas in einem Zug, umarmte und küßte mich zu meiner Verwunderung auf beide Wangen.

SEEKLÄNGE

IM KLANGKOSMOS VON FRANZ LISZT

Die schmale Treppengasse, eine von mehreren in den Hangkerben von Bellagio, hinaufsteigend, gleich rechter Hand die Tafel mit dem jungen, noch gar nicht tief ausgeprägten Antlitz von Franz Liszt – matt glänzender Bronzeton. Darauf fand ich den Hinweis, dass er hier 1837 ein Stück komponiert hatte, *Après une lecture de Dante*, nach einer Dantelektüre.

Einer der ersten Schritte ins Neuland Liszt war das Suchen, in welchem Zusammenhang dieses Klavierstück »Nach einer Dante-Lektüre« steht. Also in einem Klavierzyklus, dessen Titel mir sofort entgegenkam: *Années de Pèlerinage* – »Pilgerfahrten«.

Première année: Suisse – die Schweiz, meinte ich, kann ich erst mal beiseitelassen, aber dann *Deuxième année: Italie*: Sieben Stücke enthält dieses zweite Pilgerjahr – und kein Ortsbezug in den Titeln! Die CD war vorrätig, eingespielt von Alfred Brendel.

Zunächst nur hören, horchen, lauschen: was für zartes Klanggewebe, wie Wasserlicht flirrende Töne im *Sposalizio*, dem ersten Stück. Ich sah den abendlichen Lario vor mir, ohne ihn zu sehen. Und dieser *Pensieroso* des zweiten könnte ebenso gut in der Villa Carlotta nachsinnen. Und die *Canzonetta del Salvator Rosa*: So unverkrampft leicht komponierte Liszt?

Plötzlich fiel mir mein Zum-ersten-Mal-Liszt-gehört ein: Aus dem Radio meiner Eltern erklangen *Les Préludes,* und die Mutter sagte: »Damit begannen immer die Sondermeldungen, wenn die Wehrmacht wieder etwas erobert hatte. Bei der Musik ist es mir kalt den Rücken hinuntergelaufen, und zugleich war man stolz erregt.« Liszt, ein Tondichterlakai der Nationalsozialisten? Wenn auch missbraucht: Ich schlug die Namenstür zu – auf Jahrzehnte hin.

Umkehr und beginnende Bekehrung erst am Comer See. Ich erwarb den kompletten Zyklus auf CD, von meinem Klavierfreund Hans Halling die Noten dazu ausgeliehen zum mitlesenden Besserhören.

Endlich, im *Troisième année*, dem dritten der Pilgerjahre, drei eindeutig klare Ortsbezüge zu Italien: zwei Stücke »An die Zypressen der Villa d'Este« in Rom und die dortigen Wasserspiele: *Aux cyprès de la Villa d'Este*, No. 1 & No. 2 eine *Thrénodie*, also jeweils ein Klagelied, und *Les jeux d'eau à la Villa d'Este*.

In dem Dantestück, am Comer See entstanden, diese *Fantasia quasi Sonata*, überdeckt als Fantasie die strenge Sonatenform. Wie hinreißend verschieden dieses eine ganze Viertelstunde während Stück anspricht, einem zuspricht, von Gelesenem erzählt, welches man nicht zu kennen braucht. Das hat etwas von einer Bergwanderung. Klanglich Ausschau haltend – nur dem Klanggang wie einem Seegang folgend, und der wird zum Horchgang. Dieses Zusammenhängen, Sich-Ergeben von einem zum anderen Klang. Was für eine Souveränität den Vorgaben gegenüber. Natürlich vernimmt man in den Wasserspielen der *Villa d'Este* das Geperl von Wasserkaskaden, aber so einen Klang können Wassertropfen selbst nie erzeugen.

Liszt verwandelt etwas in eine freie Vorstellungswelt, also in reine Kunst, die sowohl gegenständlich als auch abstrakt ist. Bei Liszts Klaviermusik ging mir auf, dass das bloße Antippen, das Hervorlocken schon genügt – und dann bist du innerlich in Italien oder in der Schweiz, oder meinetwegen auch in Ungarn. Es ist dieses wundersam frei machende »gleich-und-ungleich-zugleich« von Benanntem bzw. Komponiertem und dem, was als sichtbare Wirklichkeit da ist. Einen Zauberschlüssel dazu bietet ein kurzes Gedicht des Spaniers Juan Ramón Jiménez an – des Autors vom andalusischen Dorfesel *Platero und ich*:

Eres igual a ti	*Du bist dir gleich*
y desigual	*und ungleich zugleich*
lo mismo que los azules	*gleich den Blautönen*
del cielo.	*des Himmels.*

Wenn uns solche Welterweiterung wieder einmal widerfährt, dann hat sich *Pilgrim's progress* ereignet. Wir haben Fortschritte im eigentlichen Sinne gemacht. Denn jetzt ist mir manches von und bei Franz Liszt erst aufgegangen. Verwandlungen von Wirklichkeit in Kunstwirklichkeit, die uns, so Alfred Brendel, in einen »Grenzbereich zwischen Traum und Wachen« versetzen.

Liszt hat wohl Raffaels Gemälde mit der »mystischen Vermählung« des Sposalizio in der Mailänder Brera gesehen. Ebenso erlebte er »den Platanenschatten der Villa Melzi«. Die komponierten Zypressen Liszts: Ich horche nur hinein und höre diesmal heraus, dass Liszt diese dunkelschwarzgrünen Himmelslanzen mit »übermäßigen Dreiklängen« zu etwas Akkordischem verwandelt, und so kommt zum Klangausdruck, was wir, nur sehend, nie wahrnähmen. In Liszts rauschenden Arpeggien, den aufeinanderfolgenden gebrochenen Akkorden *nach Harfenart*, teilt sich mir sein Staunen vor Baumgestalten mit. Ich empfinde seine Chromatik darin erfrischend. Alfred Brendel hat das Leise dieser Klangbäume als Demutsgebärde gedeutet: »Der Franziskaner Liszt wird hier, an der Grenze des Verstummens, gleichsam zum Trappisten.«

Zuhörend wurde ich mit Liszts weit ausholendem Klang ebenso vertraut wie mit seiner Kürze. Nebenbei merkte ich erst, wie ungewöhnlich viele Klänge anderer Komponisten sich Liszt anverwandelte, ja aneignete, ohne sie freilich zu stehlen. Zwischendurch geriet mir ein Brief des jungen Smetana an den damals bereits weltberühmten Liszt unter die Augen: anno 1848 flehend um ein Klavier und um eine Anleihe bittend.

Erst jetzt interessierte mich der eigentliche Anlass von Franz Liszts Aufenthalt am Comer See. 1833 ist der 22-Jährige in Paris der 28-jährigen Gräfin Marie d'Agoult begegnet. Sie war mit einem um 20 Jahre älteren Grafen verheiratet. Das ungleiche junge Paar packte heftige Leidenschaft zueinander. Beide wohnten eine Weile in Nohant, bei George Sand. Der Weg zu ihr führte über Chopin.

Die Liebe zwischen dem jungen Komponisten und der Gräfin wuchs an. Als Ausweg blieb nur Flucht. Sie reisten am 24. Juli 1837 von Nohant ab, gelangten über Lyon, Chambéry – mit einem Abstecher zur Grande Chartreuse, dem Mutterkloster des Kartäuserordens – nach Genf, wo Liszt konzertierte und eine Klavierklasse am Konservatorium leitete. Am 17. August hielten sie sich am Lago Maggiore auf. Vom 6. September bis Ende November wohnten beide in einem kleinen Gasthof in Bellagio; ab Mitte Dezember logierten sie im Hotel dell'Angelo in Como. Cosima, eines der drei gemeinsamen Kinder, kam am 24. Dezember zur Welt. Am 18. Februar und am 15. März 1838 gab Liszt in Mailand Konzerte – und zwar in der 3000 Zuhörer fassenden Scala. Er spielte, hatte großen Erfolg, fühlte sich dabei freilich auch einsam, doch an seiner Seite war ja »Freund Erard« – sein Flügel.

Mich beschäftigte, wie der junge Liszt erlebte Landschaft in die Klanglandschaft seiner Partituren verwandelte. Irrtümlich hatte ich erwartet, in Liszts Schweiz- und Italienklangbildern ähnliche lokale Musikspuren zu vernehmen, wie er sie, allerdings wesentlich später, in seinen *Ungarischen Rhapsodien* einbrachte.

Wer in den Sog eines solchen Klangkosmos gerät, dem kommt manches als unerwartete Gabe hinzu. So biss ich erst beim Namen Rossinis an, als ich auch von dessen Aufenthalt am Comer See las. Und worauf stieß ich nun? Liszt hatte dort guten Kontakt zu ihm, und so adaptierte er gleich im Jahr seines Bellagio-Aufenthaltes zwölf Lieder Rossinis und verwandelte sie zu *Soirées musicales*.

Also wieder einmal, diesmal mit CD-Player dabei, von der Villa La Collina auf den Lario schauen und *Après une lecture de Dante* hören. Dante nicht wortwörtlich, sondern als Wortgebirge. Mit einem Mal ging mir auf, warum der geniale Pianist Brendel Liszt so schätzt, und zwar als ein Interpret, der diese drei Aufgaben als die seinen ansieht: Er sei »Museumsdiener«, »Testamentsvollstrecker« und »Geburtshelfer«:

> *Für mich ist Liszt ein Meister des kürzeren Formats, der Schöpfer des religiös inspirierten Klavierstücks, der unerreichte Verwandlungsmagier und Orchestrator des Klaviers, der auch noch im Lyrischen großzügige Poet, Visionär und Revolutionär. Seine Beherrschung der oft neuartigen musikalischen Mittel ... Seine musikalische Vorstellung wird aus verschiedensten Quellen gespeist: Literatur und bildende Künste, Religion und Landschaft geben ihr ebenso Nahrung wie Ideen und Persönlichkeiten, Freiheitskampf und Tod.*

Liszt war 1838 von Como nach Wien und Venedig gereist. Im Juli desselben Jahres kam er nach Genua und Lugano, Reisen in Oberitalien schlossen sich an. Die Beziehung mit Marie d'Agoult zerbrach. Die Gräfin kehrte Ende der 1830er Jahre zu ihrer Familie nach Paris zurück. Die umgearbeiteten Stücke seiner *Années de Pèlerinage* begannen als dreiteiliger Zyklus indes erst im Jahr 1855 zu erscheinen.

Vor einer erneuten Reise an den Lario las ich in Liszts Briefen. Wie ein Gemälde mit Selbstporträt empfand ich seinen mehrseitigen Brief an Louis de Ronchaud, geschrieben im Oktober 1837 in Bellagio, in dem er mit unverhohlenem Stolz von seiner »Popularität hier zu Land« berichtet, die er der medienwirksamen Arbeit seines Verlegers und seinem »guten Freund Ricordi« verdanke. Der Brief beginnt mit einem Hymnus an die Landschaft um Bellagio:

Noch nie ist mir ein vom Himmel so überschwenglich gesegneter Erdstrich vorgekommen, ein Erdstrich, auf dem der volle Zauber des Liebeslebens natürlicher erscheinen könnte ... Der Gletscherberge Zeiten überdauerndes Sein mahnt ihn an seine Vergänglichkeit ... Leicht ersteigliche Höhenzüge winken zu grünenden Gipfeln empor; die Fruchtbarkeit der Abhänge, wo die Kastanie, der Maulbeer- und Ölbaum, Mais und Weinstock fülleverheißend sich erheben, zeigt die Spuren emsig schaffenden Fleißes ...

Das hübsche, amphitheatralisch gebaute Dorf Bellagio liegt ohngefähr in der Mitte des Sees, da wo derselbe sich in zwei Arme theilt ... Von meinem Wohnhaus vernehme ich die melancholische Klage der am steinigten Ufer ersterbenden Wogen ... Könnten Sie doch diese zauberhaften Tinten sehen ... Bald schimmern sie einem schön erblaßten Rubine gleich im durchsichtigsten Rosenroth, bald gleichen sie dem Wüstensand in ihrer glühenden Röthe, manchmal auch verschmelzen und verschwimmen die violetten, purpurnen und röthlich gelben Tinten zu einer unbeschreiblich phantastischen Farbenmischung ... Vor der ärgsten Tageshitze flüchten wir uns oft unter den Platanenschatten der Villa Melzi und lesen die »Göttliche Komödie« zu Füßen von Comollis Bildsäule.

Liszt spricht hier von der Säule des Bildhauers Giovanni Battista Comolli im Garten der Villa Melzi und fährt fort:

Ich habe Ihnen schon von unseren Dorffesten erzählt. Dieselben finden gewöhnlich an den der Madonna geweihten Tagen statt. Schon der Vorabend kündet sie durch fortgesetztes Läuten einer kleinen helltönenden Glocke an, die man »campanella di festa« nennt und deren Klänge, getrieben von einem kapriziösen Rhythmus, Frohsinn und Heiterkeit in alle Lüfte streuen. Im Norden haben wir diese lustigen Glocken nicht. Dort sind die Töne gemessen ernst. Diese beiden Arten versinnbildlichen den verschiedenen Geist des Katholizismus …

Im Hintergrunde einer der dunkelsten Buchten des Sees liegt die Villa Pliniana … Die am Bergesrücken sich anlehnende Villa mit ihren Hallen und ihren sich nach allen Richtungen kreuzenden Wasserfluthen bietet einen in seiner Art einzigen Anblick …

Ganz in unserer Nähe erhebt sich auf einer ungeheueren spitz verlaufenden Felsenkoppe, von welcher aus man die ganze Gegend übersieht, die Villa Serbelloni mit ihrer dunkelhäuptigen Lärchenumhegung … Diese drei durch Gärten verbundenen Landhäuser sind im Besitz der Pasta. Das mittlere ist in verkleinertem Maßstab dem Teatro della Scala nachgebildet. Die große Sängerin wollte, daß der Ort, an dem sie Ruhe suchte, noch jenem gliche, an dem sie Ruhm gefunden.

Ist es Abend geworden, so ergötzen wir uns bei Fackelschein am Fischfang … Von allen Seiten hört man das Gebimmel der Glöckchen, welche die Fischer zur Nachtzeit an ihren Netzen befestigen … Dieser Ton, der für uns immer mit dem Gedanken an eine Herde verknüpft ist, macht aus dem Schoß der Wellen emporklingend einen gar eigenthümlichen Eindruck.

In seinem Dantestück ist die Tonart d-Moll bzw. D-Dur, die zu dem As-Dur des vorausgegangenen Petrarca-Stücks »in Opposition« steht. Dieses Intervall der »übermäßigen Quarte« wird als *diabolus in musica* bezeichnet. Das Diabolische von Wegen der Ver- und Heimsuchung. Im *Suisse*-Zyklus trägt das vorletzte der neun Stücke, wie jedes andere auch in Französisch, den Titel *Mal du pays* – also »Heimweh«, entsprechend dem Liebeskummer, der französisch *le mal d'amour* heißt.

HeimWeh – nicht nur ein SchmerzWeh, sondern auch etwas, das heimweht. Dieses vielschillernde Wort könnte zudem bedeuten, was Sándor

Márai in seinem Buch *Himmel und Erde* andeutet: »Wir haben irgendetwas in uns, ›ohne das‹ wir nicht leben können«. Man könne, so Márai,
durchaus »ohne Chinchillapelz« leben, doch dies Nicht-ohne, das sei ein
besonderer Stoff: »zugleich Körper und Seele«. Wenn ich seitdem diese
Liszt'schen Klavierstücke anhöre, ist mir, als lauschte ich einem zeitgenössischen Komponisten, der nicht mit Melodien in Atem hält, sondern mich
mitnimmt zu Klangausfahrten, bei denen die linke Hand eine Stimme und
die rechte eine andere dazu spielt – zuweilen in einem Boot, dann wieder
sich voneinander entfernend.

ROSSINIS TRÄNEN

In dem Band *Komponistenporträts* stieß ich auf ein Nahbeisammen, das
nach manchem Comer-See-Aufenthalt wie ein i-Tüpfelchen passte: Nach
dem Fotografieporträt *Franz Liszt* von Franz Hanfstaengl, etwa 1869, folgte
auf der nächsten Seite das Ölgemäldeporträt *Gioacchino Rossini* von Francesco Hayez vom Jahre 1870.

Als Kind habe ich im Atelier meines Großvaters in Konstanz am Bodensee mehrmals den Schriftsteller Wilhelm von Scholz erlebt. Erst später

habe ich erfahren, wie sehr er sich mit dem Nationalsozialismus identifiziert hatte. Es ist manchmal erstaunlich, wie Dichter, die in ihrem Werk einen so guten Blick für das Schöne bewiesen haben, so blind im Politischen sein konnten. Manches in seinem Werk ist politisch belastet, das meiste aber nicht. In seinem *Buch des Lachens* hat er Anekdoten gesammelt. Darin fand ich die nachfolgende unter dem Titel *Rossinis Tränen*, die tatsächlich einen lokalen Bezug hat, denn Rossini komponierte in der Villa Pliniana seine Oper *Tancredi*:

> *In einer Gesellschaft wurde davon gesprochen, wer von den Anwesenden als erwachsener Mann schon geweint habe. Rossini, der unter den Gästen war, erzählte: »Ich habe zweimal in meinem Leben weinen müssen. Das erstemal beim Spiel von Paganini. Das zweitemal, als ein ungeschickter Kellner einen wundervoll getrüffelten Truthahn vor meinen Augen in den Comer See fallen ließ!«*

Wenn sich diese Stelle ermitteln ließe, sollte dieser Tränen in einem zeitgenössischen Denkmal gedacht werden. Zur großen Rossini-Überraschung für mich wurde Stendhals Buch über dessen Leben.

> *Um das Jahr 1814 drang Rossinis Ruhm bis nach Neapel, wo man sich wunderte, daß es auf der Welt einen großen Komponisten geben könne, der nicht Neapolitaner sei.*

Hätte ich nicht in Büchern Stendhals gelesen, die so innig mit Mailand, der Lombardei und überhaupt mit Oberitalien verbunden sind, wäre ich kaum auf Rossini gestoßen, von dem in den Jahren 1812, 1813, 1814 und 1817 jeweils eine Oper in Mailand uraufgeführt worden ist.

Stendhal teilt uns vergnügt zudem noch mit, was es mit der »Reis-Arie« auf sich hat:

> *In der Lombardei ist der erste Gang jedes Abendessens, ob beim vornehmsten Herrn oder beim kleinsten Maestro, stets ein Reisgericht; und da man sehr kurz gekochten Reis liebt, läßt der Koch, vier Minuten bevor er serviert wird, immer die wichtige Frage stellen: »Bisogna mettere i risi?« (Ist's*

Zeit für den Reis?) Als nun Rossini einmal verzweifelt nach Hause kam,
stellte der Kellner ihm die übliche Frage; man setzte den Reis auf, und be-
vor er fertig war, hatte Rossini die Arie »Di tanti palpiti« (So viele Herz-
schläge) vollendet. Der Name »aria dei risi« erinnert also daran, daß sie in
einem Augenblick komponiert wurde.

Stendhal berichtet uns auch die wundersame Geschichte von Rossinis
Glück: Da gab es einen Herrn Barbaja, Direktor der Theater von Neapel,
»ehemals Kellner in einem Kaffeehaus«, der bei »Glücksspielen« und als
Pächter öffentlicher Spiele »ein Vermögen von mehreren Millionen gemacht hat«. Dieser Herr Barbaja, der begriff, dass Rossini »der kommende
Mann« war, setzte sich also in die Postkutsche und machte sich zu Rossini
in Bologna auf:

Rossini, der gewohnt war, mit armen Teufeln von Impressari zu tun zu ha-
ben, die immer im Begriff waren, Bankrott zu machen, war erstaunt, daß
ein Millionär zu ihm kam. Dieser machte ihm ein Angebot, das er auf der
Stelle annahm. Später in Neapel unterschrieb Rossini einen mehrjähri-
gen Vertrag: Er verpflichtete sich, für Herrn Barbaja jedes Jahr zwei neue
Opern zu schreiben. Rossini nahm die ungeheure Arbeit, die ihm übertra-
gen war, auf sich wie Figaro in seinem »Barbier«. Er erledigte sie lachend
und machte sich dabei über alle Welt lustig; das hat ihm viele Feinde ein-
gebracht; der erbittertste ist im Jahre 1823 Herr Barbaja, dem er den üblen
Streich gespielt hat, seine Geliebte zu heiraten.

Es war die Mezzosopranistin Isabella Colbran, für die Rossini die meisten
seiner Frauenpartien schrieb.
Wenn ich nun vorgäbe, an einem Hörbild über den Lario für einen
Radiosender zu arbeiten, dann bekäme ich bestimmt auch Einlass in die
Villa Ronda bei Blevio an der Südostküste. Ich sähe sie gern, denn dort
komponierte Vincenzo Bellini an seinen Opern *Norma* und *La Sonnambu-*
la, die er in der Villa Passalacqua in Moltrasio abschloss – »in Sichtweite
seiner Angebeteten« am gegenüberliegenden Ufer, der Sopranistin Giuditta Pasta. Nach ihr ist die einstige Villa Ronda inzwischen in Villa Pasta
umbenannt worden.

Jürgen Hartmann, der die historischen Personenkonstellationen am Lario besonders gut kennt, erwähnt darüber hinaus auch das Gastspiel von Giuseppe Verdi, der an *La Traviata* komponierte, in der Villa Margherita seines Mailänder Verlegers Giulio Ricordi. Die Villa Margherita in Griante/Cadenabbia wird in manchem Verzeichnis auch als Villa Margherita-Ricordi ausgewiesen. Zu Ricordis umfangreichem Rechteimperium gehören selbstverständlich auch alle Rechte an den Opern Rossinis. Die Stelle mit dem versunkenen Truthahn müsste wohl kriminalistisch ermittelbar sein.

MUSIK FÜR MANZONI

Eines späten Abends entschloss ich mich zu einer *crociera notturna*. Vom anderen Ufer näherte sich, bunt beleuchtet und beflaggt, einer der alten Dampfer. Von Bord klang Musik: Ein Pianist spielte die *Canzonetta di Salvator Rosa* aus Liszts *Années de Pèlerinage*. Kaum war ich an Bord, hörte ich über Lautsprecher Passagen aus Rossinis *Die diebische Elster*. Seiner *La gazza ladra* lauschend erfreute mich das melodisch Resolute einer »Hausherrin« dieser Oper, die ihre Diener so anfauchte: *Marmotte, che fate?* – »Faulpelze, was treibt ihr?«

Ich frage mich, ob sich nicht eine Oper nach dem Meisterwerk Manzonis denken lässt, ein Libretto nach der neuen Übersetzung der *Promessi Sposi*. Auf der Stelle Ja! Ohne Manzonis Damals anzutasten, würde ich zu Beginn auf einer Filmleinwand einen Rundflug über den Lario zeigen, der bis zu einem Dorf bei Lecco führt. Die letzte Einstellung in die Grafik überblenden, mit der die illustrierte Ausgabe beginnt – dieses Bild stehen lassen; dann ginge ein Riesenschrank mit Schubladen auf, worin sich jeweils eine der Figuren vorstellt, im Vorgriff einen Teil seiner Geschichte mitteilt. Die Handlung begänne mit der Spezies von zwei heutigen Mafiosi, die den gehorsamsbereiten Don Abbondio nötigen … Auch der Schurke Don Rodrigo soll ein Heutiger sein. Ich bliebe, wie im Roman, bei 38 Szenen. Möglicherweise ließen sich einige als Parallelen zusammenfügen, und in jeder die schier unerträgliche Anspannung, bevor entschieden wird. Jeder Zusammenstoß könnte sich auf einer anderen Zeitebene ereignen; manches aus Mailand in der bürgerkriegsähnlichen Zeit zwischen

Mussolinis Faschisten und den kommunistischen Partisanen spielen. Fra Cristoforo eventuell als kämpferischer Arbeiterpriester ... Der Durchzug fremder Truppen: Kriegsende in Italien. Ich könnte mir vorstellen, dass Terroristen nicht davor zurückschrecken, die Schönheit in Gestalt einiger Villen am Lario in die Luft zu sprengen ... Am schwierigsten wird es, die Lust der Lucia am Gehorsam zu vermitteln – dass darin auch erotische Anziehungskraft verborgen ist ... Die lange Pestpassage: Warum nicht als Ambiente ein Gefangenen- oder Flüchtlingslager? Aus Manzonis Kardinal machte ich Papst Benedikt, Kardinalssätze mit dessen Sätzen mischend. Jede wichtige Figur wirft einen Schatten auf andere und bleibt mit seinem eigenen Schatten unlösbar verbunden. Dieses Dreifache müsste man sehen und auch gesungen hören!

Das Bühnenbild sollte stets die ganze Romanlandschaft wie in einer Arena gegenwärtig halten. Der Comer See ist ja selbst wie eine Arena – und wer in einer Szene nichts zu tun hat, nimmt als Augenzeuge teil. Dort, wo sich Zusammenstöße ereignen, muss es blitzkurz geschehen. Vielleicht wäre zu überlegen, den Innominato bis zu einer bestimmten Stelle mit einer Maske auftreten zu lassen, und wenn er sie lüftet, erschrickt jeder über den Tatsächlichen. Wenn man die Gestalten erhielte, sie in unsere Tage übersetzte – wobei Anspielungen genügen könnten –, dann blieben wir im Dramatischen dieses Urdramas.

Als Titel schwebt mir auf Anhieb vor: *Schach den Kriminellen. Nach Manzonis »I Promessi Sposi«*. Wenn als Komponist Salvatore Sciarrino zur Verfügung stünde oder Giacinto Scelsi ... Und wie wäre es, wenn sich für Chansons, anstelle herkömmlicher Arien, die Brüder Giorgio und Paolo Conte gewinnen ließen?

SEEUFER

LOMBARDISCHES MOSAIK

Wer sich am Comer See eine Tageszeitung kauft, um wenigstens einen Blick auf die Gewissheit der Meteo-Aussichten zu werfen, der wird auf der Wetterkarte den Comer See stets umschlossen finden vom Berg- und Flachland der Lombardei. Zu ihr zählen elf Verwaltungsprovinzen, deren Abkürzungen einst auf den Autokennzeichen sogleich ihr Woher erkennen ließen: BG – Bergamo, BS – Brescia, CO – Como, CR – Cremona, LC – Lecco, LO – Lodi, MN – Mantova, MI – Milano, PV – Pavia, SO – Sondrio, VA – Varese.

Im Norden das AlpengebirgsBraun, das mit zwei Zacken weit ins Südgebirge der Schweiz vorstößt. Als nordwestlichster Rand das Seeblau vom Lago Maggiore, der wie der benachbarte Lago di Lugano ein Zweiländersee ist. Am östlichen Grenzrand der Lombardei erstreckt sich das Seeblau vom Lago di Garda, der gerade als Dreiprovinzensee mit meinem Bodensee verwandt ist. Sein Ostufer gehört zu Verona, sein Norden zu Trento.

Die breitere Südhälfte der Lombardei bildet ein Tieflandgrün, von lauter nach Süden strömenden Flüssen durchsponnen. Man könnte dies Land zwischen Varese im Nordwesten und Mantua im äußersten Südosten »oberitalienisches Mesopotamien« nennen: Zwischenstromland, durchblaut von Ticino, Adda und Mincio, um nur die wichtigsten Flüsse zu nennen. Den Südrand begrenzt scharf als anschwellender Grenzfluss seine Majestät, der Po.

Jetzt alle Eskapaden der landverschiebenden Geschichte außer Acht lassend: Zwei Zeitschichten möge dennoch niemand aus dem Blick verlieren. Nach allen spanischen Herrschaften zuvor wirkte von 1802 bis 1815 die Napoleon-französische Besatzungszeit auf die Bevölkerung keineswegs als Fremdherrschaft. Vielmehr war das Ordnungsstiftende dem lombardi-

schen Geist durchaus willkommen. Nach 1815, bis zur endgültigen Eini-
gung Italiens, gehörte die Lombardei zum habsburgischen Österreich. Carlo Emilio Gadda charakterisierte sein *Lombardisches Land* 1940 so:

> *Von alters her liegt eine tiefe Vernunft über dem Land. Geometrisch die*
> *Ordnung, zielstrebig und gut die Werke, staunend das Volk der Pappeln,*
> *spiegelnd die Überflutung der Reisfelder: die der Abend mit Träumen, mit*
> *nichtigen Ängsten bleicht.*

Die Lombardei gilt seit alters als gesegnetes Land – zuerst durch seine vielfältige Landwirtschaft, später durch seine hohe industrielle Produktion.
Bellissima Lombardia, e bella Milano: So beginnt Guido Piovene seine Darstellung der Lombardei und spricht von *il dramma della Lombardia e di Milano*. Das »Drama« dieses Landes und seiner Hauptstadt bestehe darin,
dass es eine der allerreichsten Regionen Europas sei – inmitten sehr armer.
Als Piovenes Buch 1957 erstmals erschien, traf gewiss noch unwiderspro-
chen zu, dass Mailand mit dem Rest der Halbinsel in einer »ewigen Kon-
troverse« lebe. Er rühmt zu Recht die *buona pasta lombarda* und erwähnt
dann einen weiteren Kontrast: Mailand sei die einzige Stadt Italiens,
l'unica città d'Italia, wo sich Kultur nicht allein unter humanistischem Begriff ereigne. Der Mailänder sei nämlich ein Arbeiter, und das zeige er
auch mit seiner Devise *il tempo è denaro*. Dieses »Zeit-ist-Geld« kommt
uns Deutschen bekannt vor.

Zum Verstehen des Landrahmens vom Comer See mag auch diese Einschätzung Piovenes hilfreich sein: *La bellezza in Lombardia ha sempre una
faccia pratica* – »Die Schönheit in der Lombardei hat immer auch ein prak-
tisches Antlitz.« Zum Beleg dieses praktischen Denkens führt er einen
Schlusssatz aus der Osterpredigt eines lombardischen Bischofs an: »Wenn
ihr die Messe nicht besucht, wäre das Opfer Christi unnütz gewesen«, und
fügt dem Zitat seinen Kommentar an: »So ist der Lombarde, antimetaphy-
sisch und praktisch«; und das klänge »im Dialekt am allerbesten«: *Allora,
l'è inutil* – anstelle des italienischen *sarà stato inutile*.

Jede der Hauptstädte dieser Lombardei hat ihren eigenen Baucharak-
ter und unverwechselbaren Charme. Vor und nach jeder Reise dorthin
schaue ich auf die Stadtpläne, die ich mir aus dem *Baedeker Oberitalien*

von 1928 ausgeschnitten habe, um sie ob ihrer feinen Zweifarbigkeit rahmen zu lassen, so dass ich an einer Stubenwand die klaren Bilder verschiedener Stadtherzen sehe. Für diese Bilder gilt der Satz, den der 1885 geborene Corrado Alvaro in seinem *Italienischen Reisebuch* geschrieben hat: »Der Kern einer alten Stadt ist wie eine Strophe, die man auswendig weiß.«

Die Seestraße bei Cadenabbia ist häufig erfüllt von der Kriechgang-Schlange des Staus. Ich wundere mich jedes Mal über die Gefasstheit der Busfahrer. Da dachte ich an einen in den blauen Bussen, die Arbeitnehmer regelmäßig durch den Kurvenslalom, etwa von Nesso nach Como oder von San Fedele d'Intelvi hinab nach Argengo bringen, ich dachte an Roberto Rosetti, der all die Kurven kennt zwischen Nesso, Pogana Lario, Faggeto Lario, Menaggio und Como; der um die Gefährlichkeit bei prasselndem Winterregen weiß, der von heimtückisch plötzlichem Glatteis überrascht werden könnte; der manchmal seine frech überholenden FiatLandsleute verwünscht: Vor diesem Blauen ziehe ich meinen Hut. Roberto fährt bei jedem Wetter, war noch nie in einen Unfall verwickelt, hat aber schon des Öfteren wegen zu raschem Gegenverkehr Vollbremsungen hinlegen müssen. Einmal, vor einem der Tunnels, kam er nur haarscharf vor dem Abgrund zum Stehen. »Zuweilen kann einem auch der Nebel zu schaffen machen«, sagt er nebenbei. Er leistet sich den Luxus, in seinen Pausen sowohl *La Provincia di Lecco* als auch *La Provincia* aus Como zu lesen. Da fängt er beim *oroscopo* an; er freut sich, dass gerade 400 *nuovi posti* angeboten wurden auf den Seiten des *trovalavoro*: »Meine beiden Kinder sind derzeit selber auf Arbeitssuche.«

Noch hat die Lombardei auch etwas von einem Heiligen Land, etwa die katholische Universität in Brescia, wo der spätere Papst Paul VI. Bischof war. Bergamo als Urheimat von Papst Johannes XXIII. mit dem Geburtsort Sotto il Monte ist längst zu einem Gedenkort geworden. Das gewinnende Lächeln dieses der Ostkirche so zugewandten Papstes öffnete uns trotz des Eisernen Vorhangs den Blick für ganz Europa. Mailand als Ort der Vulgata, wo die Bibel erstmals ins Lateinische übersetzt wurde. Der heilige Hieronymus schrieb zu seinen Übersetzungen jeweils eine Vorrede, Papst Clemens VIII. ließ die römische Ausgabe anno 1592 erscheinen. In Mailand begegnete Augustinus dem Bischof Ambrosius. Im nicht weit entfernten

Dorf Cassago bildete sich der Kernort für den späteren Orden der Augustiner. Dort, so die Legende, versammelte der Heilige Augustinus seine ersten Jünger. Auf dem Tisch, an dem sie saßen, stand die Maxime: »Kein Wort über Abwesende!«

VILLENREGISTER IN PRIVILEGIERTER AUSWAHL

Die Villa gehörte ursprünglich als Landhaus zu einem großen Landbesitz, vergleichbar einem Gutshof. So eine Landvilla, Gegenstück zum Stadtpalazzo, »setzte einen Herrn voraus«, so Rudolf Borchardt in seinem Essay *Villa*. Noble florentinische Villen sind ohne Gärten nicht vorstellbar. Palladio prägte die venezianischen Villen im ganzen Veneto. Indes sind die Villen am Comer See nicht so aus einem Guss geformt: Einige gleichen venezianischen Vorbildern, viele treten als exaltierte Unikate auf.

Ich aber kapituliere vor der Fülle der Villen am Lario: Es sind ja mehr als III Primadonnen. Schriebe ich lediglich die Perlenschnur der Namen auf, wäre das eine langweilige Litanei, die den klangvollen Rufnamen dieses voluminösen Orgelpfeifenregisters nicht gerecht würde. Ich nehme mir also ein Privileg heraus – von Stendhal. Am Ende seines *Das Leben des Henry Brulard* stehen die 23 Artikel seiner Privilegien vom 10. April 1840. Über seine fordernde Petition der erwünschten Privilegien schrieb er selbstbewusst: »God verleiht mir folgende Vorrechte …« Ich beanspruche daraus lediglich den Artikel 23: »Zehnmal jedes Jahr kann der Privilegierte überallhin, wo er nur will, versetzt werden, und zwar mit einer Geschwindigkeit von hundert Meilen in der Stunde …«

Und schon begann ich alphabetisch, aber rigoros selektiv, mit dieser langen Litanei: Angelina … Noch nicht herausgefunden, was an ihr bemerkenswert ist; könnte eine Anspielung auf »Angela« sein, womit Angela Pietragrua gemeint ist, eine der minutiös registrierten Geliebten von Stendhal.

Ich blätterte in meinem Register, übersprang Il Balbiano in Ossuccio und dachte bei Bernasconi-Besano in Cernobbio an die dortigen Jugendstilkacheln mit Faltersaum und Seerosen. Ein Augenschmausfest für Freunde unterschiedlichster Elemente der Dekoration; kein Wunder, denn Davide Bernasconi war Besitzer einer Weberei. Die Erben des Bauherrn von Cantaluppi in Tavernola verkauften das Anwesen an den Pascha von Konstantinopel, der die Villa mit seinem Harem bewohnte, bis wieder italienische Besitzer einzogen. Derzeit ist die Villa ein *condominio*; englisch lapidar: *today it is a block of flats.*

Weiter sprang ich von Capoana in Varenna über La Casinella in Lenno bis Dozzio in Tavernola bei Cernobbio: wieder so ein Sonderplatz am Nasenspitzenufer; das dreigeschossige Gebäude in wundersam ausgeblasstem Rosa und an der Seeschauseite die beiden Ecken als Halbrundlinge. In der als Sommervilla um 1615 angelegten Gallia in Como bilden in einem der Prunkräume weiße und schwarze Fliesen, rot umfasst, den Fußboden – als Gegenstück zur wuchtigen Kassettendecke.

Und nochmals eine Vorzugslage gesteigert: Nur für Del Pizzo in Cernobbio ist an dieser Ufernasenspitze Platz, denn das umliegende Land gehört mit dazu, alle Blickfangstörenfriede fernhaltend. Im weiten Parkgarten, mit Seeblick nach Norden und Süden, hat sich die Familie Bassani gleich ihr eigenes Mausoleum errichten lassen. Dorthin würde ich gerne einmal eine Schar einladen und Gedichte aus Hans Magnus Enzensbergers *Mausoleum* vorlesen.

Mittendrin russisches Roulette am Lario? Die Villa Troubetzkoy in Blevio, mit ihrem Dach, das russischen Holzhäusern ähnelt, erinnert nämlich an eine der russischsten Familien der Zarenzeit: Fürst Sergej Petrowitsch Trubeckoj rebellierte gegen Zar Nikolaus I., wurde zu sechs Jahren Zwangsarbeit verurteilt und 1856 begnadigt. Dann zog er Italien vor. Diese architektonische Eisscholle aus Russland ist verwandt mit der Belgioioso Borletti, da ebenfalls von einem *conte russo* in Blevio erbaut.

Von Mylius Cademartori in Blevio kam ich mit einem Sprung mühelos zu Mylius-Vigoni, heutzutage allein als Vigoni in Menaggio bekannt. Wohl dem, der in diese Bergidylle zu einem Vortrag eingeladen wird – Hauptsache, er trägt etwas bei zur Vertiefung der deutsch-italienischen Beziehungen. »Virginia«, murmelte ich noch und »Zambra«. Wohin zuerst?

PASSEGGIATA
ADENAUER 3

Cadenabbia war und ist bis heute ein Ort von Begegnung – manche erscheinen oft Jahre später in einem verklärten Licht, besonders dann, wenn es sich dabei um berühmte Persönlichkeiten handelt. Auch die Schwänke, Anekdoten und Schnurren des Alten dürften davon nicht frei sein. Es ist gerade die Magie des langen Zeitabstands, die mich bewegt, den Begegnungen Konrad Adenauers in Cadenabbia nachzuspüren. Ich überfliege die Liste der Besucher – vom Februar 1957 bis zum Oktober 1966 –, und wenn ich die wiederkehrenden und herausragenden Namen anstreiche, Einzelfiguren beiseitelassend, ergibt sich eine KöpfeDichte von merkbarem Gehalt: neben Journalisten, wie Walter Henkels und Max Schulze-Vorberg, die CDU-Bundesminister Heinrich von Brentano, Gerhard Schröder (der seinerzeitige Innenminister), Heinrich Krone (sehr oft), Heinz Starke, Paul Lücke, Ludwig Erhard, Bruno Heck, einmal Franz Josef Strauß (CSU), auch Walter Scheel (FDP) und Werner Dollinger (CSU); dazu die Staatssekretäre Hans Globke, Hilmar von Scherpenberg, Karl Carstens; ebenso einige Botschafter. Diese Namen bilden eine Konstellation; die jeweilige Amts-, Bedeutungs- und Rangnähe ließe sich grafisch darstellen, schwerer dagegen die verschiedenen menschlichen Nähen.

In den vier Bänden seiner *Erinnerungen* spiegeln sich diese Adenauer'schen CadenabbiaZeiten überhaupt nicht als UrlaubsAuszeiten. Der Kanzler erinnert an Vereinbarungen mit dem italienischen Ministerpräsidenten Fanfani, die italienischerseits wieder umgestoßen wurden.

Adenauer kommt nach seiner langen, wechselvollen Amtszeit auf den Wert der Erfahrungen zu sprechen, die »durch nichts zu ersetzen sind, nicht durch Wissenschaft, nicht durch Lernen, nicht durch angeborene

Klugheit«. Man bekomme durch Erfahrungen »doch ein Gefühl dafür, was das Echte, das Wahre und das Bleibende ist«.

In diesem Zusammenhang erwähnt er Heinrich von Brentano, den Außenminister und späteren Fraktionsvorsitzenden der CDU/CSU, und rühmt seinen »scharfen, juristisch geschulten Geist«:

Von Brentano war ein persönlich zurückhaltender, ich fühle mich versucht zu sagen, scheuer Mensch, dem es nicht gegeben war, leicht persönliche Kontakte herzustellen. Seine Gehemmtheit verlor er jedoch ganz im politischen Gespräch. Er konnte dann eine sehr scharfe Schlagfertigkeit entwickeln.

Hartnäckig betont der Kanzler, dass sich die Bundesminister darüber im Klaren sein mussten, »daß sie im politischen Leben nicht Einzelgänger sein konnten, sondern Mitglieder eines Kabinetts waren, und daß der Bundeskanzler ... gegenüber dem Parlament für jeden der Bundesminister verantwortlich ist ... Von Brentano schien dies anfangs nicht ganz richtig zu sehen.« Adenauer sah sich Anfang des Jahres 1956 veranlasst, an von Brentano zu schreiben, dass der Kanzler von den Bundesministern über wichtige Angelegenheiten »rechtzeitig orientiert wird, rechtzeitig, damit er – falls nötig – andere Weisungen geben kann«.

Adenauer, auf Chruschtschow zu sprechen kommend, erinnert an des Russen unumwundene Aussage, wonach ihm »achtzehn Millionen Deutsche in der Hand« lieber wären »als ein wiedervereinigtes Deutschland, selbst wenn es neutralisiert sei«. Adenauer erkannte Gefahren, die auch der NATO drohten, wenn die Engländer zusammen mit Griechenland und der Türkei keine Kompromisslösung für Zypern fänden. Er sprach damit ein Problem an, das bis heute noch nicht befriedigend gelöst ist. Damals, 1955, galt es auch im Umfeld der Römischen Verträge darauf zu achten, dass bei aller Aufrechterhaltung der damals utopischen Vision Wiedervereinigung nicht ein »Wiedervereinigungsnationalismus« entstünde. Adenauer erscheint auch da als der Unbeugsame, der hartnäckig, doch nicht halsstarrig auf einem klaren Ziel besteht.

KLEINE BRIEFMARKENGALERIE

Mit einem Mal fällt mir aus einem Buch ein Briefmarkenblock mit vier Köpfen, aus meines Vaters Sammlung, in die Hände: *Zum ersten Todestag des Bundeskanzlers Dr. Konrad Adenauer am 19. April 1968*. Dargestellt sind: oben die dunkelblaue 50er-Marke mit Konrad Adenauer; darunter die mittelrotbraune 10er mit Winston Churchill, die dunkelopalgrüne 20er mit dem Italiener Alcide de Gasperi und die bräunlich rote mit dem Franzosen Robert Schumann. Waren die Markenwerte auch als gestaffelte Wertschätzung der Abgebildeten in Deutschland zu deuten?

Hinzu kam im selben Jahr noch eine lebhaftrotorangene 30er-Marke mit dem Porträtkopf Adenauers. Sie wurde von dem für die deutschen Briefmarken sehr häufig arbeitenden Grafiker Heinz Schillinger entworfen, der in Nürnberg gelebt hat. 1976 folgte nochmals eine Adenauermarke der Deutschen Bundespost, eine 50er in Schwarzgrün, zum 100. Geburtstag. Schließlich würdigte den Alten ein weiteres philatelistisches Porträt – zusammen mit Staatspräsident Charles de Gaulle, mit zweisprachigem Text – Anlass: *25 Jahre Vertrag über die deutsch-französische Zusammenarbeit*. Erst im Jahr 2005 erfuhr Konrad Adenauer durch die Deutsche Bundespost erneute Aufmerksamkeit. Der Hintergrund war das Jubiläum *50 Jahre Pariser Verträge*: Die Briefmarke zeigt Adenauer hinter dem Schild *Germany*, zwischen *France*, *United Kingdom* und *United States*.

AUGENZEUGENBERICHTE

Was mag während der beiden letzten Kanzleraufenthalte in den Jahren 1962 und 1963 für Adenauer wichtig gewesen sein? Wieder die Seeseide des Morgensees: unbefleckt. Doch der damals beginnende Tag runzelte die Stirn und bescherte im späten Frühjahr Regen auf Regen: »Man sieht nicht einmal mehr das jenseitige Ufer des Comer Sees. Die Bergamasker Alpen sind verhängt, alles ist grau in grau.«

So steht es in einem der zahlreichen Berichte von Max Schulze-Vorberg, im *Mühldorfer Anzeiger* vom 6. April 1963. Adenauer spürte, dass er mit mancher Entscheidung »selbst seiner Autorität Abbruch getan hat«. Die

Frage seiner Amtsnachfolge ließ »zwei feindliche Brüder« entstehen – Ludwig Erhard und Gerhard Schröder«. Noch ist der Alte über »drei Amtsleitungen und 17 Nebenstellen« mit der Zentrale Bonn verbunden. Trotz Regen möchte er Boccia spielen. Im Freien geht es nicht; also hinüber ins Bocciodrom nach Menaggio, eine hässliche heizbare Halle. Der 86-jährige Rheinländer sieht die Labour Party Großbritanniens als »sehr links«. Abends liest er in einem Krimi. Und dann die Frage an sich selbst: »Haben wir's in Bonn richtig gemacht?« Es geht um das 1948/49 Beschlossene: »Kann es vernünftig sein, wenn neben den ›Bund‹ ›die Länder‹ treten?« Er denkt darüber nach, »ob und wo unsere Gesetzgebung Irrwege« gegangen ist.

In unterschiedlichen Formulierungen, ob in der *Schwäbischen Donauzeitung* (18. 4. 1962), in der *Rhein-Zeitung* (7./8. April 1962, 5. April 1963), in *Christ und Welt* (5. 4. 1963) oder im *Mühldorfer Anzeiger* (6. April 1963): »Plauderstunden« – mit Sorgenfalten, doch »Adenauer hat sich in den letzten 14 Tagen gut erholt …« Und »er ist glücklich über die Freundschaft zwischen dem deutschen und dem französischen Volk, die er mitheraufführen durfte«. Zwischen ihm und Chruschtschow gebe es »seit der harten Begegnung in Moskau im September 1955 eine Art untergründiger Sympathie«. Sogar die Klugheit deutscher Gewerkschaftsvorsitzender weiß er zu würdigen und rüffelt ein wenig später sozialdemokratische Parlamentarier im Plenarsaal: »lauter saturierte Leute«. Gerade als »Wohlstandsstaat« bleibe die Bundesrepublik anfällig. Das »CDU-Fiasko in Rheinland-Pfalz« wurmte ihn, und er fügte hinzu: »Das haben sie nun davon, wenn sie glauben, Wahlkämpfe ohne mich führen zu können.« Adenauer, der Schalk, kam zum Vorschein.

Nur eine Brücke zwischen gestern und morgen, so lautet ein Buchtitel von Manès Sperber. Für einen Augenblick am oberitalienischen Morgensee fällt mir eine seltsam verwandte Zeitgleichheit zwischen dem Politiker und dem Psychologen-Schriftsteller auf: Als Sperber 1958 seine *Späte Reise* nach Israel antrat, schrieb er im Februar 1958: »In diesem Land entsteht eine neue israelische Nation zu einer Zeit, da die meisten Nationen zu Komparsen werden in einem Weltdrama, das nur zwei Helden kennt, und die volle Unabhängigkeit selbst großer Nationalstaaten ein seltener, ja unerschwinglicher Luxus geworden ist.« Adenauer hat Sperber nicht gelesen, konnte ihn wohl kaum dem Namen nach kennen – und doch, welche Wahrnehmungsnähe zwischen dem christlichen Rechten und dem jüdisch-deutsch-französisch-europäischen Linken. Denn in diesem Zusammenhang wäre auch an Adenauers Brückenbau nach Israel zu denken und seine damalige Begegnung mit Ben Gurion.

Viel Zeit ist seither vergangen. Sogar Jürgen Habermas gestand 1991, dass er »Adenauers große Leistung – die energische Einbindung der Bundesrepublik in die westliche Allianz und das westliche Gesellschaftssystem – in seiner historischen Tragweite nicht richtig eingeschätzt habe. Alle meine Haare sträubten sich damals gegen Adenauer.« Ein respektables Geständnis. Gewiss zähneknirschend hat er erkannt, »dass die Ära Adenauer einen wesentlichen Beitrag zur Rückkehr Deutschlands in die internationale Staatengemeinschaft geleistet hat«.

FEUERREDE IN SPANIEN

Eines Abends las ich zum ersten Mal im Ganzen Adenauers *Ateneo-Rede*, die er, längst nicht mehr Kanzler, 1967 in Madrid gehalten hat. Da brannten sich Sätze ein, die so wirkten, als habe er das Lebensgefährliche der Globalisierung nicht nur geahnt, sondern geschaut: Es ist »die Gefahr, politisch und wirtschaftlich machtlos und einflußlos zu werden«. Dazu seine Warnung: »Wir können nicht kontrollierte Objekte der nuklearen Staaten werden.« Diese Klarheit erinnerte mich an den flammenden Appell des Pazifisten Manès Sperber, der 1983 in seiner Dankrede für den Friedenspreis des Deutschen Buchhandels, zum Entsetzen aller linken und grünen Friedensfreunde, uns ermahnte, dass Europa »selbst gefährlich werden« müsse, um sich nicht durch andere Mächte erpressen zu lassen. Dieser »Mut zur Selbstbehauptung« sei eine »Abwehrkraft« gegen die »masochistische Wehrlosigkeit«, zu der manche Europäer neigten. Europa hat auch mehr als 40 Jahre später noch nicht den Weg zu sich selbst gefunden, obwohl mit dem Zusammenbruch der kommunistischen Staatenwelt und dem Fall des Eisernen Vorhangs Rahmenbedingungen entstanden, auf die Adenauer nur hoffen konnte. Zwei Monate vor seinem Tode erinnerte Konrad Adenauer seine Zuhörer an die Zeit um 1900: »Die Vereinigten Staaten hatten zu Beginn dieses Jahrhunderts keine Außenpolitik.« Das zaristische Russland »hatte für sich keinen bestimmenden Einfluß auf die Geschichte Europas«. 60 Jahre später eine radikal andere Machtverteilung. Dazu fielen diese brandaktuellen Sätze:

Wenn man auch an der materiellen Produktion die geistige Produktion nicht ohne weiteres ablesen kann, so kann man doch aus der immensen Produktion Europas auf eine den Europäern eigene große geistige Kraft schließen. Die körperliche und geistige Arbeit, die in Europa geleistet wird, ist für das Gedeihen und die Entwicklung der gesamten Welt unentbehrlich.

Was für eine ermutigende Zuversicht, mag sie dem einen oder anderen, wieder 60 Jahre später, auch als holzschnittartig erscheinen.

Als Konrad Adenauer zwei Jahre zuvor, im September 1965, in Rhöndorf die Einführung zum ersten Band seiner *Erinnerungen* schrieb, erwähnte er gleich im ersten Satz einen Historiker, den er namentlich nicht nennt. Es war kein anderer als Golo Mann. Ihn habe er danach gefragt, »wie er als Historiker sich die Entwicklung denke«. Golo Mann beschied ihn damit, dass Historiker keine Propheten seien. Adenauer setzte mit seiner Auffassung hartnäckig nach, dass man doch wenigstens den Versuch machen müsse, »auf dem Wege von Analogieschlüssen aus dem Geschehen unserer Zeit, sogar unserer Tage, zu erkennen, wohin der Lauf der Entwicklung wahrscheinlich gehen werde … Der Historiker gab mir nicht recht«, bemerkte Adenauer.

Er war es, der damals – noch zu Zeiten Francos – darauf bestand: »Auch Spanien muß dazukommen«, als »wesentlicher Bestandteil des kommenden Europa«. Jenes Franco-Spanien war für die Linke ein röteres Tuch als Rotrussland und seine Vasallen unmittelbar hinter dem Eisernen Vorhang für den Rest der Welt. Unbeirrt warnte Adenauer vor Gefahren, zu denen er auch die »außerordentliche Schnelligkeit der Entwicklungen« zählte. Wie ein Vater wies er darauf hin, dass Europa nur in einer »politischen Union geeint« bestehen könne.

Adenauer erhob noch einmal seine Stimme, die auch an das Weltgewissen gerichtet war. Die begründete Furcht, dass Europa »unter die Fuchtel

Moskaus« gerate, bewegte ihn, als er die Manuskripte für seine Rede in Madrid vor sich hatte. Anneliese Poppinga, seine langjährige und engste Mitarbeiterin, äußerte Bedenken gegenüber der Reise nach Spanien. »Sie versuchte, den Park in Cadenabbia mit seiner Blütenpracht heraufzubeschwören, den blauen See, die warme Sonne dort. Seine Miene hellte sich nicht auf … « Am 14. Februar 1967 hob die Maschine nach Madrid ab. Im Reisegepäck, so Poppinga, auch »Schokolade für plötzliche Hungergefühle«, denn »ein Stück Schokolade ersetzte manchen Rinderbraten«. In Madrid folgten auch Begegnungen mit den großen Bildern des Prado – »Der nackten *Maya* warf er keinen Blick zu«, so die Augenzeugin in ihren Erinnerungen *Adenauers letzte Tage*; dafür, nach einem Bild von Hieronymus Bosch, Adenauers Replik: »Wir wissen nur, daß unser geistiges Erbe sehr gefährdet ist.«

Wir erfahren aus diesem Rückblick, dass der »Kampf um einen Platz im Ateneo« heftig gewesen ist. Die Veranstalter ließen statt der üblichen 1000 Menschen derer 1500 ein, die dann wie Heringe in den Sitzreihen zusammenrückten. Unter den Zuhörern auch der Kronprätendent, Prinz Juan Carlos, der heutige König Spaniens. Adenauer hielt seine Rede nicht wie dort üblich im Sitzen, sondern stehend. Es war gewiss Balsam für alle Ohren, dies zu vernehmen: »Wenn ich von Europa spreche, so meine ich damit alle in Europa liegenden Staaten mit Ausnahme Sowjetrusslands.« Er warb für die Schaffung »einer europäischen politischen Union für alle europäischen Länder«. Die Rede kam an, der »spontane und gewaltige Beifall bewies es«. Die spanischen Tage führten Adenauer noch zum Escorial und zum Alcázar von Toledo. Bei einer Pressekonferenz fiel dieser bemerkenswerte Satz: »Besser etwas Verbesserungsbedürftiges machen als gar nichts machen.«

Den Ausklang bildete ein Empfang in der Residenz des deutschen Botschafters. Tänzerinnen traten auf. Darunter die berühmteste spanische Flamenco-Tänzerin jener Tage, Lucero Tena. Am Ende fiel eine Nelke aus dem Blumenstrauß für die Tänzerin. Sie »reichte ihm die Nelke«, und, so schildert die Augenzeugin die Szene weiter, »dann streckte sie sich und bot dem Bundeskanzler die linke Wange in unmissverständlicher Absicht. Und er reagierte. Dann die rechte Wange. Das Parkett war außer sich.« Konrad Adenauer hat im übertragenen Sinne Spanien geküsst. So gefeiert und anerkannt, flog er am 20. Februar 1967 zur letzten Begegnung mit seinem Freunde Charles de Gaulle, dem Staatspräsidenten, nach Paris.

ZWISCHENSTATION:
WO HILDESHEIMER SICH
WOHLFÜHLTE

Als ich zum zweiten Mal den zeitraubenderen Weg zum Comer See über den Mendelpass fuhr und anschließend über den Passo di Tonale, da hatte ich den Eindruck, durch eine entlegene Landschaft zu fahren. Dabei entsann ich mich einer Schilderung von Guido Piovene in seinem *Viaggio in Italia* (1971):

> *Vor ein paar Jahren war ich zu einem Kongreß in einem Hotel von Bellagio, einer der schönsten Stellen am Comer See ... Und es ist eine lange Reise, um bis Colico zu gelangen ... Von Colico bis Chiavenna oder bis ins Veltlin ist die Entfernung eigentlich kurz – aber man glaubt von weitem, das wäre ein Winkel außerhalb der Welt.*

Als ich im Hochland überaus luxuriös anmutende Wintersportsiedlungen und dazugehörige Einrichtungen erblickte, stutzte ich. Ein betagter Mann an der Durchfahrtsstraße eines Dorfes sagte verächtlich: *Solo per i ricchi*, und fügte hinzu: *ricchi – ladri*. Er setzte »die Reichen« mit »Räubern« gleich. Bald danach überraschte mich erneut das Tiefland rund um Sondrio. An den Südseiten der Berghänge eine Fülle an Apfelbäumen und Weinstöcken. In einem der Transitorte erstand ich eine Kiste voller Äpfel und einen Sack Nüsse. Natürlich nahm ich auch noch zwei Flaschen Roten mit: Sasella und Inferno. Hernach konnte ich scherzhaft behaupten, dass Italien das einzige Land sei, in dem sogar die Hölle trinkbar ist.

Lange bevor die Einladung zur Autorenwerkstatt der Konrad-Adenauer-Stiftung in die Villa La Collina eintraf, bin ich bei einem Ausstellungsbesuch im Neubau des Museums Georg Schäfer in Schweinfurt auf ein schmales Insel-Buch gestoßen: Wolfgang Hildesheimers *Wo wir uns wohl-*

fühlen. Mitteilungen aus Italien und Poschiavo. Den Ort wähnte ich in Italien – doch wo? Diese *Mitteilungen* faszinierten mich auf Anhieb: »Mich wundert ja immer wieder, daß jede Katastrophe als Überraschung kommt …« So schrieb er im Juli 1988, und im September 1989 notierte er: »Der Literaturbetrieb hat mich überhaupt nicht interessiert. Natürlich, auch ich war ehrgeizig, wie alle Leute ehrgeizig sind … ich wollte Erfolg haben.« Das gefiel mir, und alsbald wusste ich dann auch, dass Hildesheimers Poschiavo, ein Städtchen im schweizerischen Graubünden, nahe der italienischen Grenze liegt, wo er von 1957 bis zu seinem Tode 1991 gelebt hat.

Ich las auch seinen provokanten Essay *Wer war Mozart?*, aus dem sich mir dies eingeprägt hat:

Das Genie ist monoman und besessen von einer einzigen Sache, seiner Sache … Mozarts Musik beantwortet keine Fragen.

Ich stieß auf die Warnung vor dem »Wunschdenken«, denn Mozart ist »nach einem anderen Gesetz angetreten als seine Deuter«. Mozart habe den größten Wert auf das Lob jener gelegt, »die er selbst hochschätzte, aber das waren wahrhaftig nicht viele, genau genommen war es nur Haydn«. Dabei erwähnt Hildesheimer eine Maxime Mozarts: »Die Musick, auch in der schaudervollsten lage, (dürfe) das Ohr niemals beleidigen, sondern (müsse) doch dabei vergnügen …«

Ich staunte, als ich danach auf Hildesheimers *Der ferne Bach* stieß, wo er sich auf dieses ganz andere Temperament einließ. Da spricht er vom Komponieren als dem »bewußten Prozeß aller künstlerischen Disziplinen« und erinnert daran, dass zu Bachs Zeiten der Sonntagsgottesdienst ein »integrativer Teil des Lebens« war, sowie an Bachs »barocke Verschlüsselung«. Dessen Spiel versteht er als »eine Loslösung von den Dingen der Welt«. Seinen Essay beschließt er mit einem Zitat – Zelter schrieb 1827 an Goethe: »Alles erwogen, was gegen ihn zeugen könnte, ist dieser Leipziger Kantor eine Erscheinung Gottes: Klar, doch unerklärbar.«

Hildesheimers Werk besteht aus lauter Zündschnüren, die Weltzusammenhänge aufsprengen. Ohne zu suchen, stieß ich auf *Janssen und wir*. Ich liebe die zeichnerischen Geniestreiche von Horst Janssen, Landschaften ebenso wie Porträts. Hildesheimer schrieb, ohne dem Maler je persönlich begegnet zu sein: »Er ist auch der Einzige, der für sich selbst schafft, nicht für andere … und sich nicht darum schert, ob jemand außerhalb seiner Welt seine Botschaften versteht.« Nur ein Satz über diese »Ausnahmeerscheinung«: »Ein von Janssen dargestelltes Gewitter ist so gut wie ein echtes.«

Ich musste also Poschiavo bei einer nächsten Fahrt an den Lario auffädeln! Lockend schon Hildesheimers Satz von 1954, nach einem Besuch in Lugano: »Wir hatten eine herrliche Heimfahrt, am Nordende des Comer Sees entlang, dann in ein Alpenquertal, wo es überhaupt keine Fremden gibt …« Und das »Poschiavotal ist noch viel unschweizerischer: Man spricht italienisch … Meine Landschaft ist der mittlere Teil. Sie beginnt dort, wo die Weinberge beginnen, also bei Tirano … Der Rest ist Erwartung des Sees und Verheißung einer anderen Landschaft … Die Berge weit hinter dem Comer See, eine vielfache Kulisse von blauen Tönen …« In *Wo wir uns wohlfühlen* sah ich die Casa Gay in der Via dal Cunvent in Poschiavo: Dort waren die Hildesheimers am 18. Juli 1987 auch Zeugen von einer »gewaltigen Lawine geworden: 500.000 Kubikmeter Geröll, Fels und Schlamm stürzten talwärts Richtung Poschiavo … Fast alle Häuser der Ortschaft standen unter Wasser.«

Im Frühjahr 2010 war es endlich so weit. Ich fuhr vom Gardasee bis Brescia und suchte dann mehr als eine Stunde die geplante Strecke über Edolo, welches auf keinem Straßenschild auftauchte. Ich verfluchte die italienischen An-der-Nase-Herumführer. Die Straße zog sich; sie zog sich sehr. Die Bergstrecke Breno bis Edolo, stets von einer Bahnlinie begleitet, kam mir mehr und mehr wie eine Fahrt durch die italienischen Karpaten vor – ebenso verlassen und weltverloren, mitsamt den Notbehelfen karger Lokale längs der Straße. Schließlich, nach Edolo, westwärts fahrend, konnte ich mich nicht mehr entsinnen, dass das Abwärts über die vielen Kurvenschlaufen des Aprica-Passes sich derart lang hinzog.

Doch dann wies ein Schild nach Tirano. Wie habe ich gelacht, als mitten auf der Straße *il trenino rosso del Bernina*, das rote Züglein, daherkam: die Eisenbahn als Mitbenutzer der Autostraße. Über die Grenzstation ging es rasch bergauf. Das Zuggeleit aus wenigen Waggons gibt die Rhätische Bahn, die hier Schweiz und Italien miteinander verbindet.

Als Erstes vom hochgelegenen Poschiavo sah ich am Südrand die statt-lichen Häuser in der Via dei Palazzi. Endlich traf ich einen Mann, der mich zur stattlichen Casa Gay in der Via dal Cunvent führte und mir gleich sagte, dass es da nichts mehr zu sehen gebe. Aber ich hatte die Atmosphä-re geschnuppert. Doch leider hatte ich das Buch nicht zur Hand, worin ge-schrieben stand, dass sich im Vecchio Monastero, dem nunmehrigen Kul-turzentrum, eine Dauerausstellung der Collagen von Wolfgang Hildeshei-mer befände. Erst später stieß ich im alten Merian-Heft *Das Engadin*, vom August 1961, auf Hildesheimers Text über sein *Puschlav: Erlebnis des Un-erwarteten*. Da las ich, dass die stattlichen Paläste in der Via dei Palazzi von heimgekehrten Puschlavern stammen, die in spanischen Landen ihr Geld verdient hatten.

Auf der Weiterfahrt brummelte wieder ein *trenino rosso* von der Schweiz nach Tirano. Im Inneren der monumentalen Kirche vom Santuario Ma-donna di Tirano Zeugnisse der beseligenden Naivität von Pilgern. Bald da-nach begannen die Weinberge. Da und dort wurden noch Äpfel angeboten, dazu hiesiger Roter und Weißer aus dem Valtellina. Es fehlte nicht an stattlichen Gehöften, die zu angemessenen Preisen ihre Sorten verkaufen: Sassella, Valgella, Grumello, weißer Frascia und, so einmal Wolfgang Hil-desheimer, »als Extrem der Skala – Inferno und Paradiso«. Valtellina Su-periore erstand ich in der Azienda Agricola Scavio mit dem Etikett *Deno-minazione di origine controllata e Garantita*.

Die schmalen Terrassenzeilen der Weinberge rund um Sondrio vor Au-gen: Da wusste ich jetzt erst, was mir auf meinen ersten beiden Alpenquer-fahrten zum Lago di Como entgangen war und was als Bergwelt zum nord-östlichen Seebereich gehört.

HALBINSEL MIT KLOSTERGEIST

Als ich einmal in der Osterzeit an den Lario kam, hatte mir zuvor im Eremo, dem Kloster der Kamaldulenser am Gardasee, Padre Lorenzo mit Stolz ein großformatiges Buch mit Fotos und Texten gezeigt: *Bussate e vi sarà aperto*, »Klopft an und es wird euch aufgetan«. Der Band führt »über die Schwelle von 30 Klöstern« in Italien; darin werden auch zwei Klöster am Comer See vorgestellt: die Abbazia dell'Acquafredda, *frati capuccini* in Lenno und die Abbazia di Piona, *monaci cistercensi* in Colico.

Kurze Zeit später machte ich mich auf: mit der Fähre nach Varenna, dann längs des Ostufers, Richtung Piona. Als Dervio nach Kurven längs der Felskluften auftauchte, schien mir, als stünde dort eine mittelalterliche Burg. Im Ortsteil Castello erheben sich noch graue Mauerreste, die bis zum Seeufer hinabreichen. Ich fragte einen Vorbeikommenden nach Betrachtenswertem; er winkte ab: »Das einzig Wichtige von hier war ein großes Feuer am 14. Juni 1883 – da sind 51 Menschen bei einem kirchlichen Theaterstück im Saal verbrannt. Wenn Sie wirklich was Schönes sehen wollen, dann müssen Sie hinauf ins Varronetal! Aber Vorsicht! Sind viele Kehren bis Sueglio, und dann bis hinter nach Tremenico. Da sind drei Kapellen am Weg. Das liegt bestimmt schon achthundert Meter hoch!«

Auch der nächste Ort, Corenno Plinio, mutete von der Straße her mittelalterlich an. Mich wunderte, dass die steingraue Kirche dem englischen Heiligen S. Tommaso Becket geweiht ist. Flache Steintreppen führten in einer Tobelgasse hinab. Die Häuser dicht an dicht gebaut, manche steinalt, wieder andere frisch instand gesetzt. Irgendwo waren Handwerker zu hören. Wie muss es hier bei einem Gewitterregen gurgeln und seewärts rauschen! Eh ich mich's versah, war ich unten am winzigen Hafen angelangt. Mehr als ein Dutzend Boote werden nicht hineinpassen. Da und

dort Katzen, ab und zu Eidechsengehusch, und aus einer Mauer wuchsen die dornbewehrten Lanzenblätter einer einzigen Agave. Wohnhäuser – wer mag darin noch das ganze Jahr über wohnen?

In der Kurve bei Olgiasca bemerkte ich gerade noch den Hinweis zur Abbazia di Piona. Ich bog ab, durchfuhr eine Siedlung mit wenigen Häusern. Das *ristorante* hatte noch geschlossen; der Hotelparkplatz leer. Nach einer Kurve, elegant angelegt, ein weiteres Hotel, und jetzt ging die geteerte Straße in einen mit Rundsteinen gepflasterten Weg über, stetig abfallend zum See. Kein Fahrzeug kam mir entgegen, kein Mensch unterwegs. Piniengesäumte Stille. Zwei Säulen muteten wie ein Durchlass an; noch etliche Hundert Meter am Berghang entlang – ein Portal mit zwei Heiligenfiguren – ein Parkplatz, ein Gitterportal stand offen. See und Landschaft verstärkten das Leise des Klosters. Ein Quertrakt, ein Längstrakt, die alte Kirche, dahinter der Weg zu einem Garten, der bis hinab ans Ufer des Comer Sees reichte.

Die Pforte stand offen. Dahinter das Geviert des Kreuzgangs. An vier Seiten die Taktstriche der hellgrauen, der glatten und runden Säulen, auf einem sehr niedrigen Maueruntersatz. Ihre Sockel gerundet wie Brotlaibe; die tragenden Kapitelle mit wenig Zierrat, und darüber, von Säule zu Säule, der Bogenschwung: weißsteinig unten, rotsteinig darüber, und über diesen Brückenbögen, rings um das Geviert, die geraden Lagen verschiedenroter Ziegel.

Inmitten das grasgrüne Geviert. Nichts lenkte ab. Der Brunnen darin plätscherte nicht, doch zeigte er, wie schön es ist, wenn ein Garten seinen Brunnen hat, der nicht allein Wasser spendet, sondern Belebendes. Hier war ein Freiraum, der fürs Erste gar nichts verlangte. Von dem Mönch in der *portineria* vernahm ich, dass sie derzeit zu vierzehnt sind. Bei ihren Gebeten, die jedem Tag eine klarfeste Fassung geben, fahren sie »auf den Fähren der regelmäßigen Gebete, die Zusammenhalt stiften und nie langweilig werden«. Als Sonderangebot bei Bedarf feiern sie die »gregorianische Messe als Seelenamt für Verstorbene«. Für ihren Klosterladen freilich war ich schon zu spät dran.

Mir gefiel die Gelassenheit des Zisterziensers, der hinzufügte, dass das auch draußen getragene Habit eine innere Stütze sei, um die eigenen Worte und Gesten sorgsam zu kontrollieren. Indes sei es letztlich nicht das Gewand, das den Mönch ausmache. Gelegentlich könne jeder auch in Räuberzivil ausgehen. Freilich ist das Mönchsgewand beim *ora et labora* das unabdingbare Zeichen ihrer Gemeinschaft.

Ich ging noch zum Garten. Während ein breiter Weg zwischen stämmigen Zypressen hinab zum Ufer führt, mündet der andere in ein Gartenrund, in dem insbesondere Marienandachten gefeiert werden.

Zurückgefahren längs des langen Halbinselbogens; dort, wo die kleine Bergsiedlung von Olgiasca ihre schönste Ausblickstelle hat, hielt ich an: Conca Azzurra heißt das *albergo-ristorante*. Von diesem »azurblauen Becken« aus bietet sich der Lario wahrlich wie ein azurblaues Wasserbecken an. Ein Zimmer mit Seeblick: Das soll es beim nächsten Mal sein!

Auf dem Weiterweg Richtung Norden ging mir erst auf, wie weit die Klosterhalbinsel in den See ragt – einem Armbogen gleichend, der eine weite Bucht beschützt. Ich beschloss die Forschungsreise mitten in Colico, wo das Herzstück der Hauptstraße kleinstädtischen Charme aufwies: mit angenehmen Läden auf städtischem Niveau. Hinausfahrend sah ich allerlei moderne Nutzbauten, die in ihrer Strenge durchaus Stil haben und sich als Neulinge gut ins Vorhandene einfügen. Am Nordkap des Lario breitet sich eine Tiefebene aus, mit ihren Freiräumen einladend für Campingplätze.

Zwei Monate später kam ich vom Valtellinaquertal her, aus dem Nordosten, und steuerte in Olgiasca gleich das Hotel Conca Azzurra an, das nach den Ostertagen im April kaum belegt war und obendrein ein Zimmer mit Seeblick anbot – zu überraschend niedrigem Preis. Abends die Lichtertupfen der Orte am scheinbar weit entfernten Ufer gegenüber. Was für eine Ruhe strahlte der Gebetsgesang der Mönche bei der abendlichen Vesper aus.

Am frühen Morgen prägte ich mir zeichnend die farbverschiedene Staffelung des gegenüberliegenden Ufers ein: Am Rand der Wasserfläche beginnt ein grüner Saum, sandgelb von den Orten Dongo, Gravedona, Domaso getüpfelt. Die erste Kulisse der ziemlich steil abfallenden Berge durchzieht Felsgrau, Felsbraun und Wiesengrün. Bei näherem Hinsehen sind die Berggruppen von tiefen Bachwasserkerben durchzogen. Hinter dem gelblichen Schloss von Gravedona fällt der schwarze Strich von gebündelten Wasserrohren auf. Hoch hinauf besiedelt sind die vordersten Berge durch die Herdenhäuser der Dörfer; ab und zu die Soli einzelner Häuser. Die hintersten Berglinien erscheinen in einem blaugrauen und scharfen Gezack, das da und dort noch so schneeweiß gefleckt ist, dass es die Gipfel in Fudschijamaweiß erscheinen lässt.

Die Abbazia di Piona beginnt ganz irdisch mit ihrem Klosterladen. Ansichtskarten, Bücher und hinter dem langen Tresen die Flaschenparade der Distilleria di Liquori dei Monaci Cistercensi. Ich betrachtete die verlockende Fülle der Etiketten, las ihre Anpreisungen und war auf der Stelle überzeugt, dass hier keine Alkoholsündenverführung geschieht, sondern nur Heiltränke angeboten werden – freilich mit starkem klösterlichen Alkohol. Das Register begann mit »Kaisertropfen, Vol. 90%«, eine »Spezialität der Mönche von Piona, sehr wirksames Verdauungsmittel: Wenige Tropfen auf einem Würfel Zucker lösen eine schwierige Verstopfung. Sie machen Kaffee und Tee tonisch, sind im Wasser durststillend.« War ich nicht in eine alkoholfundierte Apotheke geraten?

Gocce Imperiali, Vol. 90%

Elixir S. Bernardo, Vol. 27%

Gran Liquore Piona, Vol. 40 %
Limoncello dell'Abbazia, Vol. 28 %
Gran Liquore Casamari, Vol. 37 %
Flora Alpestre, Vol. 40 %
Gran Liquore Cistercium, Vol. 35 %
Elixir Caffè Cordiale, Vol. 25 %
Mandarino, Vol. 30 %
Rhum Fantasia, Vol. 45 %
Tre Stelle, Vol. 45 %

Lauter hochkonzentrierte Verlockungen. Die Auswahl fiel schwer, aber sie gelang: mit Alpenflora, Vol. 40 %, als erster Flasche. Der Vino Rosso da Tavola, *prodotto e imbottigliato dai monaci dell'Abbazia di Piona*, mundete später ebenso wie mancher ihrer Brände.

Jetzt begann das Eigentliche. Ich betrat den Bannkreis des Kreuzgangs. Es bedarf einer Weile, bis die Stille des säulengesäumten Gevierts zu wirken beginnt. Durch welche Worttür begibst du dich jetzt zu Gott, dem Herrn? Was trägst du ihm vor? Was hast du ihm anzubieten? Im Kreuzgang, dessen Säulen nichts anderes sind als Luftfenster. Dieses wundersame Weglassen von allem, was ablenken könnte; zum Himmel immerzu offen, und wer herumgeht, bleibt geschützt. Der Mönch an der Pforte hatte eine Tür erwähnt, durch die man direkt vom Kreuzgang in den Kapitelsaal kommt. Auch der nüchtern gestaltet, doch zugleich holzwarm, dank Holzintarsien und dem Sonnengesicht in dem Dorsale des Sitzes für den Abt.

Schließlich die Klosterkirche selbst. Über dem modern gestalteten Altar ein hängendes Kreuz, mit den drei Querbalken der Ostkirche. *Ora et labora*: Im Chorgestühl saß ganz allein – ganz bei sich? ganz bei Gott? – ein einziger Mönch, den Kopf mit einer Kappe bedeckt. Bekleidet mit dem gelblichen Gewand und dem dazugehörigen schwarzen Überwurf. Er schaute von seinem Gebetbuch auf, rückte sich eine der modernen Lampen über dem Chorgestühl zurecht. Seine Gesten sparsam. Sieht so Zur-Besinnung-Kommen aus? Für eine Weile vollkommen freigestellt für das *ora*. Wie wenn er aus einem kräftigenden Heilbad aufgetaucht wäre, so erhob er sich nach guter Weile, verließ den Raum, wandte sich seinem *labora* zu. *Labor*, die »Mühe«, und *orare*, zu dem das Orale, das »Mündliche«

gehört. Wie wundersam, wenn das mehrstimmige Singen und Sprechen zu etwas Einstimmigem wird – wie in der Mittagshore.

Plötzlich fiel mir der Schluss von Hermann Hesses *Eine Bibliothek der Weltliteratur* ein: »Ehe die Meisterwerke sich an uns bewähren, müssen wir uns erst an ihnen bewährt haben.« Leben das die Mönche nicht vor? Sie bewähren sich an dem Meisterwerk des Evangeliums, aus dessen Botschaften die Kirche erwuchs, an deren tausendjähriger Ausstrahlungskraft es sich zu bewähren gilt. Einer der Mönche sagte, was sie lebten, sei die *testimonianza di una realtà*, »das Bezeugen einer Wirklichkeit«. Padre Giacinto: »Wenn nach einer Regennacht die Tautröpfchen auf Blumen und Früchten liegen, mit der Sonne im Gegenlicht, dann schaffen sie einen überaus suggestiven Effekt – so sollten auch wir strahlen.«

14 Mönche an dieser Stelle des Comer Sees. 14, die etwas ausrichten. 14, die zu bestimmten Stunden gemeinsam beten und singen: Gotteslob. 14, deren Ausstrahlung und Mitwirken an der Lariowelt nicht messbar ist. In diesen Augenblicken, durch die Zypressenallee zum Lago gehend und dann durch die Ölbaumallee zur Lourdesgrotte, hatte ich das Sinnbild der »14 Nothelfer« vor Augen. Sind diese 14 von Piona auf ihre Weise nicht »14 Gotthelfer« in einer Welt, in der viele den Strom zu Gott für sich selbst vorsätzlich abgeschaltet haben?

PASSEGGIATA
ADENAUER 4

Im Nürnberger Bildhaueratelier von Christian Höpfner, einst Schüler des großen Gegenständlichen und Akademieprofessors Hans Wimmer (1907–1992), traf ich auf eine figürliche Darstellung Konrad Adenauers. Wimmer hatte einmal, bevor die figürliche Bildhauerkunst vom Lehrplan der dortigen Akademie der Bildenden Künste verschwand, salopp und zugespitzt zur Kunstmeinungsdiktatur gesagt: »Wennst heut eine Figur mit zwei Füß machst, bist schon ein Nazi!« Ich sehe den schwarzen Schemen vor mir: eine hohe Gestalt im halblangen Mantel, der Schädel nur angedeutet, doch unverkennbar – das war Adenauer. Die Gestalt hatte Hans Wimmer entworfen, nur zu den Gesichtszügen war er nicht mehr gekommen. Wer könnte das Denkmal vollenden? Im Gespräch mit Wunibald Puchner, dem Architekten und einstigen Präsidenten der Nürnberger Akademie, sagte Höpfner: »Dieser Figur jetzt noch, postum, einen, nein, seinen Charakterkopf aufsetzen – das kann ich nicht machen!« Jemand anders beendete die Figur, die nun nahe der Kirche St. Aposteln am Neumarkt in Köln steht.

Glücklicherweise gibt es Künstler, die Vergangenes derart eindringlich vergegenwärtigen können, so dass wir das bestürzend Nahe und Fortwirkende spüren – eben unverlierbare Geschichte, Gestalt geworden in einem Bismarck, Richelieu, Churchill, de Gaulle und Adenauer.

JEAN RUDOLF VON SALIS

Der Schweizer Publizist und Professor für Geschichte Jean Rudolf von Salis schildert in seinem Lebensbericht *Grenzüberschreitungen* seine erste Begegnung mit Konrad Adenauer am 5. August 1964 in Bonn: »Er sprach leise, aber deutlich mit einer angenehmen Stimme … Seine kühle, verständige Art verlangte, dass man Politik ›richtig‹ sehe und darstelle. Walter von Cube hat von Adenauer gesagt: ›Was er tut, ist nicht gut oder böse, sondern richtig oder falsch.‹ Mit herrenhafter Nüchternheit dachte er in den politischen Kategorien von Mächten, Staaten und Herrschaftsinstrumenten.« Wer sich, eben in Cadenabbia, neu auf Adenauer einlässt, für den ist die schweizerische Objektivität bergbachklar, mit der von Salis die »alten Männer« – Churchill, Adenauer, Karl Renner in Österreich und de Gaulle – würdigt: Sie haben »einen Scherbenhaufen zusammenflicken müssen«. Des Weiteren erwähnt er, dass man Adenauers Politik nur verstehen könne, »wenn man wisse, daß er eine tiefe Furcht vor dem deutschen Nationalismus habe und ungeheuer vorsichtig in allen außenpolitischen Dingen sei«. Bei jener ersten Begegnung gewann von Salis auch diese Einschätzung: »Adenauer wußte wohl, daß die Zeit nicht ›heil‹ war. Er sagte: ›Man muß bedenken, daß die Widerstandskraft der Deutschen nicht sehr groß ist.‹« Damit war die »politisch-moralische Widerstandskraft« gemeint. Von Salis weiter: »Es war eine Sache, die Grenzen von Adenauers Weltbild zu erkennen, eine andere, die Stärke, den Verstand und auch das Verführerische seiner Persönlichkeit zu spüren.« Auch Adenauers Furcht vor der Möglichkeit, dass eines Tages in Frankreich und Italien »die Kommunisten regieren« könnten, leuchtet ein.

Aufmerksam notierte von Salis: »Von de Gaulle sprach Adenauer mit großer Achtung.« Und als er anmerkte, dass er selbst nie »großes Vertrauen in die Weisheit der amerikanischen Politik« gehabt habe, da rief Adenauer »höhnisch« aus: »Weisheit der Amerikaner? Sie sind vollständig unfähig, irgendetwas von Europa zu verstehen.« Diese Einschätzung scheint Adenauers Meinung über die Zeit nach der von Vertrauen und Einvernehmen geprägten Phase mit den USA unter Außenminister John Foster Dulles in den 50er Jahren wiederzugeben.

Der Schweizer besuchte Adenauer noch ein zweites Mal, am 10. August 1966: »Ans Sterben schien er nicht zu denken …«

Der dachte weiter öffentlich mit: Der 90-Jährige hatte für Aufsehen gesorgt, als er, nach aller Skepsis gegenüber den Russen, bekannte, »dass die Sowjetunion in die Reihe der Völker eingetreten ist, die den Frieden wollen«.

GOLO MANN WÜRDIGT DEN
»STAATSMANN DER SORGE«

Golo Manns *Gespräch mit Konrad Adenauer* entstand nach seinem Besuch
am 18. und 19. April 1966 in der Villa La Collina und erschien in seinem
Sammelband *Zwölf Versuche*. Diese Begegnung begann behutsam, wurde
erst nach und nach wärmer, bis der Gast schließlich zum Bleiben über
Nacht eingeladen wurde. Schon zu Beginn fiel dem literarischen Historiker, so die Bezeichnung auf der Porträtbriefmarke von 2009, das »Porzel-
lan-Zarte des höchsten Alters« auf, das ihn an Metternich erinnerte. »Im
dunklen Garten« der Villa kam »die Rede auf Gedichte«. Golo Mann hielt
deren Auswendiglernen für sehr wichtig; Konrad Adenauer schätzte Heinrich Heine, und »er liebte Geibel«, einen heute fast vergessenen Lyriker
des 19. Jahrhunderts.

Golo Mann, der manche Entscheidung des einstigen Kanzlers ganz anders beurteilte, war angetan von dessen »natürlichster Würde« und vom »Charme, der von ihm ausgeht«. Später bat Adenauer für seine Arbeit an den eigenen Erinnerungen Golo Mann um »einen Austausch unserer Ansichten«. Golo Mann gestand: »Nie hat ein Brief mich so ergriffen wie dieser.«

Joachim Fests Porträt *Glück als Verdienst* zeigt Golo Manns Schicksal: Wo immer er hinkam, galt er nur als »der Sohn von …« Diese Lebenslast abzuwerfen, gelang ihm nur schwer. Bestürzend das gegenüber Fest geäußerte Diktum zur deutschen Geschichtshypothek angesichts der Verbrechen in nationalsozialistischer Zeit. Golo Mann sagte: »Wo *das* möglich war, wird immer alles möglich sein.«

Was für ein grandioses Porträt von Charles de Gaulle hat er hinterlassen, erst 1989 geschrieben und postum erschienen in *Man muß über sich selbst schreiben*. Darin hält er dem Franzosen, für den es »kein Frankreich ohne Grandeur« gab, nur einen Makel vor, dass es ihm an Edelmut gefehlt habe. In diesem Zusammenhang tritt als Ebenbürtiger selbstverständlich Konrad Adenauer ins Blickfeld. Eine der beeindruckenden Maximen Manns: »Bewunderung ist nichts Schlechtes.«

Bemerkenswert auch seine Würdigung aus dem Jahre 1976: *Konrad Adenauer – Ein Staatsmann der Sorge*. Ein »Europa bis zum Ural hielt Adenauer für reinste Phantasterei«, so Golo Mann. In diesem Zusammenhang ging er auf einen Einwand ein, Adenauer habe »sein Europa kaum gekannt: gut nicht einmal Frankreich, viel weniger Italien, zu schweigen von Spanien und Polen.« Dem hält Mann entgegen: »Welcher erfolgreiche Staatsmann hat die Mächte, Länder, Völker, mit denen er umging, gekannt, wie ein Spezialist, Globetrotter, internationaler Geschäftsmann sie kennt?« Dafür bescheinigt er Adenauer, dass dieser »das Wesen des russischen Imperiums recht genau« erraten habe. Entscheidend war, dass Adenauer das neue deutsch-französische Verhältnis als den »Nucleus eines Klein-Europa« ansah, dem er den Vorzug gab, um für ein »Wiedererstarken Europas« Politik zu machen. Es galt ja, »daß zwischen Frankreich und Deutschland in Zukunft jeder Konflikt ausgeschaltet ist«. Ebenso teilt Mann die Zuversicht Adenauers, der die Montan-Union von 1951 als Ansatz sah, damit die Europäer aus der Enge ihres nationalstaatlichen Denkens und Handelns herauskämen. Golo Mann wies nach, dass Adenauers Rede bei der Eröffnungsfeier der Kölner Universität, 1919, »buchstäblich vom Gleichen« handelt wie seine mit 91 Jahren gehaltene *Ateneo-Rede* in Madrid: »Von der Notwendigkeit eines vereinigten, mit sich selbst versöhnten Europa«.

Auch für uns gilt, was Golo Mann 1976 schrieb: »Noch leben wir von dem Kapital, das er, nicht er allein, aber vor allem er gesammelt hat.« Dazu zählt er auch einen Aspekt von Adenauers Weltanschauung: »Geistige Dämme« zu errichten »gegen den alles überflutenden Strom des rein materiellen Denkens und Strebens«. Das verfocht er mit entschlossener Ablehnung, ebenso wie eine Neutralisierung Deutschlands. So erscheint der in Cadenabbia Erinnerte mit einem Mal auch als der »im Innersten von Anfechtungen Heimgesuchte, der Skeptiker, der Zarte, der Zögernde«, zudem als ein Idealist und »erzpraktischer Politiker«, schließlich als ein »Staatsmann der Sorge«:

Einer nach Millionen zählenden Schar von Menschen hat er nachweislich Gutes getan; von den 28.000 in Rußland Gefangenen, die er aus Sklaverei befreite, bis zum »Wohlstand für alle« … Selten sind die Politiker historischen Namens, von denen man im Guten so Reichliches, Sicheres, im Schlechten nur so Ungesichertes behaupten kann.

WILHELM HAUSENSTEIN

Die Steigerung von »gelungen« ist für mich »geglückt«. Als Beispiel für solches Glück nenne ich die Früchte der Berufung von Wilhelm Hausenstein als ersten deutschen Botschafter in Paris durch Konrad Adenauer. Hausensteins postum veröffentlichte *Pariser Erinnerungen* umfassen seine fünfjährige diplomatische Tätigkeit in der französischen Hauptstadt von 1950 bis 1955 und bieten eine der eindrücklichsten Beschreibungen der Gestalt von Konrad Adenauer überhaupt.

Darin entwirft er ein zutreffendes Bild des Kanzlers, wiewohl beide ganz unterschiedlichen Welten angehörten und sich auf verschiedenen Sprechebenen ausdrückten. Allein schon Hausensteins Darstellungen als Schriftsteller in diplomatischen Diensten stellen seinem künstlerischen

wie seinem menschlichen Blick ein unnachahmliches Zeugnis aus, etwa
wie er den Kanzler im Louvre schildert, der zehn Minuten ergriffen und
andächtig vor der *Bathseba* von Rembrandt stand. Hausenstein begriff
auch, dass des Kanzlers Maxime »Politik muss einfach sein« alles andere
als »primitiv« bedeutet. Wiewohl er bei Personalentscheidungen auch »ans
Schnöde« Grenzendes wahrnahm, bekennt Hausenstein, »das Herz des
Kanzlers erfahren« zu haben. Er hat ihn erlebt als einen, der »sich im Ge-
bet vor Gott zu verantworten pflegt«. Ihn beeindruckte, dass Adenauer
»fast die ganze Messe hindurch« kniete: »Da verspürte ich die unmittelbar
benachbarte Gegenwart des Kanzlers als eine christliche Wirklichkeit.«
Und nach einem Besuch in Chartres:

> Der Christ Adenauer verspürt in der Kathedrale von Chartres das Herz des
> christlichen Frankreich ... Adenauer gehört zu den Christen, die primär
> als solche in die großen Kirchen eintreten und sekundär sich an deren
> Schönheit erbauen: Die Vorgänge vollziehen sich bei ihm noch in der rich-
> tigen Reihenfolge.

Hausenstein nimmt, wie in seinen Tagebüchern, kein Blatt vor den Mund. So lehnt er die Bezeichnung »Fuchs« für Adenauer rundweg ab, auch weil »dieses miserable Zeitalter sich überhaupt an die Ausschließlichkeit des nächsten besten, nächsten schlechtesten Stichworts ankrampft«. Dafür gewann er an dem Staatsmann einen zu »bewundernden Begriff von der bildenden Macht einer kontinuierlichen politischen Überlieferung«. Dazu fügt sich dies Erlebte an: »Ich habe den Kanzler nie explosiv gesehen. Er lebt in einem dauernden Zustand tonloser Überlegung.« Hausenstein schätzte diese Selbstbeherrschung; »ein wirklicher Herr« und, »daß ich ihn an meiner Tafel dem Himbeergeist kräftig habe zusprechen sehen …« Der Beobachter Hausenstein hielt es für einen »Makel dieser Zeit«, dass »das christliche Wort gerade damals eine überwältigende Macht hätte entfalten können«, es aber nicht getan hat. Hausenstein verstand den Vorrang, den Adenauer, wie kaum ein anderer westlicher Staatsmann, seiner »antikommunistischen Politik des Auswärtigen« einräumte. Er begreift den Kanzler von dessen Gegebenheiten her: der, »am südwestlichen Rande Deutschlands zu Hause, auf das Natürlichste mit einer Hälfte seines Herzens in Deutschland lebt, mit der anderen Hälfte nach Frankreich hin«. So konzediert der Frankreichkenner und -liebhaber Hausenstein auch, dass Adenauer in der »Saarfrage« in »innenpolitischer Hinsicht« bis an die »Grenze des Möglichen« ging, »um zu einem beschwichtigenden Kompromiss zu kommen«. Er vermerkt, »daß die Nachgiebigkeit des Kanzlers ein Mal mehr seinen guten Willen bezeugte, mit Frankreich ins Reine zu kommen«.

Hausenstein, dem Allemania näher als Germania war, bestätigt als Charakteristik: Adenauer »ist so einfach, wie er zwingend ist, und so kurz wie entschieden«. Er freilich fügte hinzu: »Ich zögere auch nicht, zu bejahen, daß Adenauer zartfühlend ist.« Unverzichtbar für mich aber auch der klärend eindeutige, Falsches zurechtrückende Brief, in dem Hausenstein dem Bundeskanzler einiges vorhielt; darunter insbesondere die »Intrige« des Staatssekretärs Hallstein, die Hausenstein um den Titel des »vollständigen Botschafters« in Paris gebracht hat. Theodor Heuss griff damals ausgleichend mit einer »Ehrengabe« ein. Hausensteins langer freimütiger Brief wurde am 23. Juli 1956 geschrieben. 1957 verstarb der 1882 Geborene in München.

UNSCHEINBARER BERG —
HEILIG

WINK IN VARALLO NACH OSSUCCIO

Bei einem Aufenthalt am Gardasee vor Jahren hatte ich im betagten *Piemont* von Merian geblättert. Ein karges Schwarzweißfoto zeigte etwas von einem »Sacro Monte«, auf dessen Weg in lauter kleinen Kapellen aus dem 17. Jahrhundert heilige Szenen dargestellt seien. Bergan nach Varallo. Was mag einen »Sacro Monte« zum »Heiligen Berg« machen? Ich staunte: Ein Schlaufenweg führt von einem Haus zum nächsten. Haus stimmt nicht; eher Schauhaus. Oder besser Kapelle?

Das erste Gebäude stellt hinter einem Sperrgitter das Figurenarsenal der Schöpfungsgeschichte dar. Es ist das animalische Personal, das im Alten Testament nicht namentlich erwähnt wird: Giraffe und Elefant, Tiger und Löwe, Adler und Geflügel – Urwald im Urzustand, und dazwischen, verblüfft, die zwei Nackten, Adam und Eva.

Anschließend beginnt die Lebensgeschichte von Jesus – als Leidensgeschichte. Die Gestalten: Sind das nicht alles lauter Tonfiguren, die jemand aufwendig gewandet hat? Was für ein Jesuspeitscher schlägt da zu! Noch dazu mit Kropf am Hals und bösem Blick – unverfroren als »Jude« bezeichnet. Später: der enge Bethlehemstall mit Ochs und Esel. Verblüffend schon der Aufwand: für jede biblische Szene eine aus Stein gebaute Schaubude.

Ein italienisches Kuriosum, das mich zunächst nicht weiter beschäftigte. Erst Jahre später fiel mir im *Rheinischen Merkur* die Fotografie einer Knabenfigur auf. Glich sie nicht einer Gestalt in Varallo? Sie verwies auf ein Buch des Fotografen Bertram Kober: *Sacri Monti.* Auf dem Frontispiz Zottelhund und Hase, Langschwanzgetier neben Kamelkopf; dahinter, Adam-und-Eva-nackt, das Menschenurpaar aus Varallo. Vergessen hatte ich den zähnefletschend zubeißenden Löwen mit blutender Tierbeute –

auch die ist in Varallo zu sehen. Sturzbachartig tat sich jetzt ein italienischer Rosenkranz aus Sacri Monti auf. Ähnliche Bibelszenen in Theaterhäuslein gebe es zudem in Belmonte, Oropa, Crea, Orta, Domodossola, Varese und sogar am Comer See: in Ossuccio.

Beim ersten Anlauf im Dezember wollte ich mich nur vergewissern, ob sich der Weg zum Santuario lohne. Die Wegbeschilderung von der Uferstraße her war klar. Nur hatte ich den Hinweis übersehen, dass die ersten drei Kapellen weiter nördlich liegen. In engen Kurvenwegen bergauf. An der Cappella IV beginnt geradlinig der mit runden Steinen gepflasterte und breit angelegte Weg bergan. In der mattsandfarbigen Kapelle, nur durch ein vergittertes Fenster zu sehen, sieben Figuren: Die *Darstellung im Tempel*. Stattliche und rindengefleckte Platanenstämme säumen den Weiterweg. Die Cappella V ist geräumiger: ein junger Bursche inmitten eines weiträumigen Fußbodenareals. Er spricht mit Mund und Armen. Ein abstandsweiter Bannkreis um ihn. *Disputa* heißt die Szene. Ich staune: Dieser junge Jesus hält eine ganze Schar höchst individueller Erwachsener in Schach. Sie stehen und sitzen in seinem Bann. Sie hören zu und lehnen zugleich ab; sie sind verdutzt, ungehalten und zugleich zum weiteren Zuhorchen genötigt. Das also sind die *dottori* im Disput mit dem Zwölfjährigen. Wenn ich mich nicht verzählt habe, bevölkern 21 Figuren diese Szene – und witzigerweise gehören zwei stattliche Hunde dazu.

Geradewegs weiter bergauf zur Cappella VI: schaurig im Kahlrund des Gebäudes die Einsamkeit Jesu. Wie drei Maulwurfshügel wirken die drei eingeschlafenen Jünger – unfähig und unwillig zur Nachfolge. *L'agonia di Gesù* im Olivengarten. Er ist ganz allein.

Im Weitergehen hörte ich in der nahen und tiefen Talkerbe das Wildbachgerausch. Bestürzend die Menschenmenge in der Kapelle vom *Calvario*: Da würfeln sie um Jesu Gewand. Nicht minder eindringlich die überlebensgroße Wucht der Reiter hoch zu Ross – und wieder ist da auch ein Hund dabei. Ich kehrte um. Als Kontrast zu diesen Vergrößerungsbildern vom Lebens- und Leidensweg Jesu das winterstille Wasser des Sees: kein Schiff.

In diese Landschaft ist auch ein Schmerzweg eingraviert – mit ungewöhnlicher Schärfe und zugleich mit einem Mut zur Schönheit, gerade auch beim Darstellen der Bösartigen.

Im Februar also der zweite Anlauf am oberen Ortsrand von Ossuccio, und wieder die ersten drei Kapellen verpasst. Es regnet noch. Trotzdem bergan!

Das erste sandfarbene Sechseck mutet wie eine Rundkapelle an. Darin eine Frau vom Land mit ihrem Buben – einheimische Augenzeugen der *Darstellung Jesu im Tempel*. Eine zweite, schönjunge Frau im erdfarbenen Gewand mit weißärmliger Bluse hält auf ihrer Linken zwei weißgefiederte Tauben. Auf dem fernen Altar liegt der Jesusknabe, hinter ihm, hoheitlich, ein Priester, der an Moses erinnert. Daneben Maria im roten Gewand mit blauem Überwurf. Und daneben? Ist das der greise Simeon, der in diesem Kind das Künftige erkennt? Maria mit leeren Händen: als wolle sie schon jetzt das Kind loslassen für alles, was kommen wird.

Zeitsprung nach wenigen Metern in der nächsten Kapelle. Ein pfiffiger Bube ist Jesus geworden. Sitzt ganz allein im Vordergrund der oktogonalen Kapelle mit Vordach, das mir den Regen abhält. Der Zwölfjährige im weißen Hemd deutet auf einen der Hunde. Die Herren ringsum, würdige Herren. So müssen Gelehrte seinerzeit ausgesehen haben – lauter Besserwisser, die nichts kapieren wollen.

Viele Lebensjahre übersprungen in der darauffolgenden Kapelle: im Oktogon, mutterseelenallein, sehe ich Jesus im roten Gewand mit blauem Überwurf, den Wurfanker des Gebets auswerfend. Seitlich drei Schlafsäcke in Menschengestalt: Nichtsnutze, diese drei Jünger. Gegenüber Jesus nur der Engel, die beiden Bitternadelöhre hinhaltend: *il calice amaro*, »den bitteren Kelch«, und das Kreuz. *L'agonia nel giardino degli ulivi* – Ölbergsverlassenheit. Jetzt erst entdecke ich, lauernd am Zaun, die vom Verräter Judas Herbeigeführten. Was für ein seltsames Wortechospiel im Italienischen: *Giuda guida* – »Judas führt«.

Schlag auf Schlag geht es weiter. *La Flagellazione*: Zwei der Zuschlaginstrumente – wie Schleudern zweiarmig, mit schlehdornspitzem Gezack.

In der nächsten Kapelle sind zwei Burschen genug. Ihre Gesichter sind triumphierende Fratzen. Zwei Wächter haben ihre Aufgabe schon vorher erfüllt: *Ecce Homo!* Wieso fällt mir jetzt der gleichlautende Buchtitel von Friedrich Nietzsche ein? »Wie viel Wahrheit erträgt, wie viel Wahrheit wagt ein Geist?« Jetzt erst sehe ich, wie einer von denen den Daumen zwischen Zeige- und Mittelfinger dem zu Demütigenden hinhält – protzplatzend beinah ob seiner übermütigen Übermacht.

Ich drehe mich um. Der Regen lässt nach. Laublos ragen die kahlen Astpeitschen der verknorpelten Astarme von den Weggeleitsplatanen in den grauen Februarhimmel. Wolkenschwaden über dem Buschbuckel der Halbinsel zwischen Ossuccio und Lenno. Mit sicherem Gespür für Wirkung sind die Kapellen längs des sich windenden Weges in den Berghang gebaut: Erwartungssteigerer, und jede ein wenig anders. Die 14 Kapellenstationen führen zum Sanktuarium der *Madonna del soccorso*, der »Madonna des Beistandes«. Von der Seestraße her höre ich das Blaulichtgejaul eines Ambulanzautos vom *pronto soccorso*, der Ersten Hilfe.

Es geht jetzt zum Kalvarienberg. Er unterm Kreuz. Eine Frau hält ein Tuch hin. Auch das: Beistand. Einer der Treiber zieht mit seinem Strick. Einer lässt seine Hellebarde blitzen. Drei Frauen nahebei. Zwei Reiter hoch zu Ross: Übermachtswucht. Die beiden »Schächer« sind, gefesselt zwar, doch ohne Schläge, mit dabei – ihre Zwirbelfrisur ist Spott genug.

In diesem Augenblick trabt ein Jogger vorbei. Der Regen hat aufgehört. Der See spiegelt Wolkenweiß, Wolkenbänke verdecken mit ihrem Watteweiß die Bergflanken des Ufers hinter Bellagio. Doch die Schneekappen der Felskämme überragen sie. Unmittelbar unter mir, am Abhang nahe der Bachschlucht, das Steingrün der Ölbäume: als setzten sie die Hintergrundmalerei für den Garten Getsemani fort.

Die zehnte Kapelle: ein großformatiges Oktogon, dessen Dach mich an das Ringpultdach der dicken Rundtürme in der Nürnberger Stadtmauer erinnert. Das scheckige Rot der Dachziegel setzt sich fort im Kranzdach der Arkaden rund um das Achteck, für die Kreuzaufrichtung. Ums Kreuz drei kleine und zwei große Engel. Drei Riesenrösser, deren Nüstern mit bleckenden Zähnen in den Hohn miteinstimmen. Einer der Henkersknechte, der *carnefici*, der Fleischquäler, hält das amtliche Täfelchen bereit: »INRI«. Ganz vorne würfeln vier um des Gekreuzigten Gewänder. Einer von ihnen trägt die Piratenklappe vor einem Auge. Die wissen, was sie tun. Zwei ziehen einen Schächer aus – das letzte Hemd. Ein Hund fletscht. An einem leeren Kreuz lehnt eine Leiter. Unter dem Kreuz, doch sehr ferne: Johannes und drei Frauen.

Ich musste, oben angekommen, innehalten. Aus der Kirche vernahm ich zwei Stimmen, darin waren zwei Frauen, am Altar ein betagter Priester im violetten Messgewand. Vom Vorplatz mit den hellfleckrindigen Platanen hinabschauend, sieht der See tief unten wie eine glatte weiße Wolke aus. Die Wolken selbst haben ihren Vorhang vor den Berghintergrund gezogen.

IN DER BAR »ZUM HEILIGEN BERG«

Die Gehäuse, in denen sich Urvertrautes im szenischen Gewand einer fernen Darstellungszeit abspielt, glichen mir jetzt wie Stationen eines Staffellaufs, der Botschaften des Neuen Testaments im Gewand seiner Barockzeit weiterreicht. Die Szenenbilder in ihrer Aufeinanderfolge plastischer Bilder ergeben etwas Raumfüllendes, das ich wie geschwisterliche Nähe zu den mit Ikonen ganz erfüllten Kirchen der byzantinisch-orthodoxen Welt empfand. Besonders musste ich jetzt an die bemalten Außenwände der Moldauklöster im Nordosten Rumäniens denken, die das heilige Geschehen nach draußen leuchten lassen: seit Jahrhunderten der Witterung ausgesetzt und standhaltend.

Das Santuario bildet den Wegabschluss am Berg. Eine Mauer umfängt es. In diesem Rückraum unterhalb des Steilberges sah ich zu meiner Überraschung ein Schild: zur »Bar al Sacro Monte«. Diese Bar und Trattoria zugleich verhieß also nach vertrautem europäischen Brauch das willkommene profane Gegenstück zum Heiligen – wie etwa auf dem Berg bei Vierzehnheiligen in Oberfranken: »Irdisches Vergnügen in Gott«. Die Bar hatte offen. Die Frau erkannte ich wieder und sie mich auch. Soeben waren wir ja gemeinsam in der Kirche gewesen.

Ein weißer Hund mit schwarzen Fellflecken trollte sich durch den Raum auf dem buntgetüpfelten Terrazzoboden. Der Mann der Frau legte Holzscheite nach. In einem schmalen Prospekt las ich, dass die 14 Kapellen »kleine Tempel« seien, in der Zeit zwischen 1668 und 1688 entstanden. Die Figuren aus Gips und Stuck sind fast alle Werke des Bildhauers und Stuckateurs Agostino Silva. Als die Signora den Wein brachte, plauderten wir ein wenig. Ich erzählte ihr von meinem ersten Sacro-Monte-Erlebnis in Varallo. Sie erwähnte, dass vor etlichen Jahren ein Buch über ihren Sacro Monte erschienen sei, aber leider habe sie davon kein Exemplar mehr.

Dafür brachte sie mir einen Band mit Votivbildern aus der Sammlung des Santuario. Ich blätterte in dem umfangreichen Bildband *Ex-Voto: Quattro secoli di storia del lago*. »Ex voto«: »Aufgrund eines Gelübdes« – eine auf altrömischen Weihinschriften übliche Formel, die sich mit dem lateinischen Kürzel »ex voto« auf vielen katholischen Bildern erhalten hat. Beim ersten Anblättern musste ich an Verwandtes in der Gnadenkapelle von Altötting denken.

Weiter im Buch: Vor einer Berglandschaft erleiden sechs Personen Schiffbruch mit ihrer Barke. Den Ertrinkenden hilft die Madonna aus der Seenot. Zum Dank und zum Einlösen eines Gelübdes, das Dankabstatten gelobt, wurde das Gemälde, 53 × 63 cm, gestiftet: im Jahre 1610.

Zwei Wanderer aus Argengo geraten im Felsengeklüfte in Bergnot. Darüber, in rotgoldener Aureole, fand ich wie stets die Madonna dargestellt: 1628 gemalt. Ein Mann stürzt einen lotrechten Felsen hinab, unten wartet bereits das Totengerippe, doch ein Engel bietet ihm Schach: 1667. Ein Schwerverletzter im Bett unterm Baldachin – auch er errettet: 1679. Fünf Reisende auf dem Gebirgskamm, vom plötzlichen Schneesturm überfallen – und nicht umgekommen: aus dem 17. Jahrhundert. Ein Segelboot rammt ein Ruderboot. Erhebt sich im Seehintergrund nicht die Halbinsel von Balbianello? Gemalt 1928. Ein Lastwagen fährt einen Mann vor einem

Fabriktor um. 1937. Ein Bombentreffer auf ein Hotel in Tremezzo: 1945. Der Dampfer Brunate rammt ein Ruderboot – auch dessen vierköpfige Besatzung ertrinkt nicht: 1950.

Europa ist reich an solch naiver Kunst.

Ich bestellte das nächste Glas Wein, bat die Signora um die Speisekarte, las und machte mir Notizen. Da kam ein Mann herein: der Priester von vorhin. Die Signora fragte Padre Floriano, ob er noch ein Exemplar von unserem Monte Sacro habe. Er ging von dannen und kam alsbald mit dem Gewünschten wieder: »Aus den alten 28.000 Lire mach ich Ihnen 12 Euro«, sagte er mit verschmitztem Lächeln.

»Irdisches Vergnügen in Gott«. Hatte es sich nicht längst eingestellt? Zwei Männer kamen herein. Hatte ich sie beim Heraufgehen nicht an einer Mauer mörtelnd gesehen? Sie ließen sich am bereits gedeckten Tisch am Fenster nieder. Die werden jetzt ihr *pranzo di lavoro* bekommen. Padre Floriano verschwand wieder. Zurückgekommen, stellte er eine Flasche Wein auf den Tresen. Die beiden Maurer bekamen ihre Tortellini mit rötlichem Sugo. Ich bestellte Polenta mit gebratener Wurst. Dann vertiefte ich mich zwischen Papieren, Landkarten, Notiz- und Tagebuch in das reich illustrierte Werk von Piera Gatta Papavassiliou: *Il Sacro Monte di Ossuccio*. Manches Licht ging mir auf: Dass die Wurzel aller »Sacri Monti« in der Sehnsucht von Christen nach den Orten lag, wo das »Lebensdrama« Christi stattfand – an dessen authentische Orte nur Pilger mühsam gelangen konnten – und also das Heilige Land ins eigene Land figürlich übersetzt wurde.

In Italien wurde damit in Varallo begonnen. In Ossuccio fingen die Arbeiten 1620 an und wurden um 1700 abgeschlossen. Ein Verzeichnis listet Figuren und Fresken der 14 Kapellen auf, soweit ermittelbar, werden die Maler erwähnt. Jede Kapelle ist in ihrem Grundriss dargestellt. Zu jeder Szene werden die betreffenden Stellen aus dem Neuen Testament angegeben – oft im »synoptischen« Nebeneinander der vier Evangelisten. Ließen sich also diese figürlichen Darstellungen, ergänzt hier und da mit Fresken, nicht auch als eine zusammenschauende Synopse verstehen? Zu den Detailabbildungen gesellen sich Kopien von Handschriften, auf denen die Künstler ihr Honorar quittieren. Die »wahren Kunstwerke sind ewig, doch tragen sie stets das Gewand ihrer Zeit«, so schrieb Delacroix in seinem Journal am 12.10.1859.

Der hier beauftragte *scultore* Agostino Silva stammte aus dem Kanton Tessin, ist 1628 zur Welt gekommen, arbeitete u. a. bei Nesso am Comer See sowie in Turin und in Como. 1688 schuf er die Gesellschaft der Gelehrten rund um den zwölfjährigen Jesus, die wilde *Disputa con i dottori*. Im Jahre 1700 erhält er sein Geld für Figuren und seine *graziosi puttini*, seine »graziösen Putten«, die eine der Kapellen besonders ausschmücken. Silva arbeitete zudem noch im Valtellina. 1706 verstarb er.

Unterdessen waren die schwarzhaarigen Maurer mit ihren Augen wie Kohlenglut schon mit ihrem *secondo* fertig, bekamen den *caffè* und machten sich wieder zur Arbeit auf. Im Ofen wurden Holzscheite nachgelegt. Der Haupttisch war für drei Personen gedeckt, doch die Signora war noch in der Küche zugange. Bevor ihr Mann und Padre Floriano mit den Spaghetti begannen, segnete der Pater mit weit ausholender Geste den Speisetisch. Kaum hatte auch ich meinen Espresso getrunken, baten mich die beiden Männer an ihren Tisch, Padre Floriano goss mir ein Becherglas von seinem Roten ein. Ich fragte ihn, was es mit den hartgekochten Eiern im Körbchen für eine Bewandtnis habe: »Wenn der grüne Salat noch recht bitter ist, kommen die Eier als Süße dazu.« Das merkte ich mir für daheim.

Zwischendurch hatte auch die Signora von den Nudeln ihre Portion aus der Schüssel geholt, mit einem Doppelgriffinstrument, das einer Greifzange glich: eine Hälfte Gabel, die andere Löffel. In der Wirtsstube spürte ich den Pulsschlag des Gemüts der Einheimischen, die sich an meiner Anteilnahme an ihrer Umgebung freuten. Eine unmittelbare Begegnung war geglückt. Signora Donatella empfahl mir ein günstiges Hotel unten in

Ossuccio. Noch preiswerter sei es, wenn ich im nahen Kloster von Acqua-fredda Signore Angelo anriefe.

Inzwischen hatten sich die Wolken verzogen. Vor der mit Platanen be-standenen Kirchenterrasse verdolmetschte ich dem weißbärtigen Padre die deutsche Redewendung zu seinem Namen: »Heiliger Sankt Florian, verschon mein Haus, zünd andre an!«

Beim Hinabgehen schaute ich noch in die anderen Kapellen: die »glor-reiche Auferstehung« mit den wahrlich geblendeten Grabeswächtern. Die Himmelfahrt. Die Herabkunft des Heiligen Geistes. Die Aufnahme der Gottesmutter in den Himmel. Ich war verdutzt: im Buchfund lesend, dass bei der *Ascensione 13 angeli* mitwirken, indes für Maria 9 *angeli* genügen – allesamt aus Silvas Hand. Insgesamt tummeln sich 230 Figuren längs die-ses Weges – darunter 52 Engel, 6 Pferde und 9 andere Tiere.

SCHALLEND GELACHT

Der französische Dichter Léon Bloy war so kühn, den Zufall als eine »Ver-kleidung des heiligen Geistes« anzuerkennen. In einem erst kürzlich er-schienenen Buch, *Cadenabbia und der Comer See*, fand ich zu Ossuccio dies: »Am Hang erhebt sich der Sacro Monte, der ›heilige‹ Berg, der mit 14 Kapellen und einer Wallfahrtskirche zum Weltkulturerbe der UNESCO gehört.« Mehr nicht. Selbstverständlich zog ich auch das Merian-Heft *Der Comer See* vom Juli 1963 zu Rate. Die Redaktion hat am Ende in der Rub-rik »Leser schreiben« nachfolgende Zuschrift eines Ludwig Hell aus Brüs-sel abgedruckt:

Ein Heft über den Comer See hätte man gar nicht erst planen sollen, dazu findet sich nicht genügend Stoff. Beim Gardasee war das wegen Verona et-was ganz anderes … Denn: Ein See, ein Voralpensee, ist an und für sich nichts weiter als eine Unterbrechung der Gebirgskette; Sie können nicht stundenlang übers noch so transparente Wasser schreiben, auch nicht über Bergkonturen, und was gibt es sonst schon an einem so wenig von großer Historie berührten Fleck wie dem Comer See? Como selbst ist nicht viel, die Villen werden schnell eintönig, Adenauer und das Ende Mussolinis

sind auch jeweils mit ein paar Zeilen erschöpft, über diese und jene viel-
leicht ganz hübsche Kirche von dritt- und viertrangiger Bedeutung läßt
sich auch kaum ausführlicher reden – alles in allem haben Sie hier kaum
mehr Stoff als für ein Heft über den Grunewald oder meinetwegen Blan-
kenese. Es ist eine schöne Gegend, und damit hoppla; so wie ein Manne-
quin ein schönes Mädchen sein kann, ohne daß sich deswegen eine breit-
angelegte Biographie lohnt. Machen Sie Hefte über Bologna, über Turin
und die Westalpen oder was sonst, aber nicht über geschichtslose Wasser-
flächen.

Schon lange habe ich nicht mehr so schallend gelacht. Mir war erst jetzt
bewusst geworden, in welchem Zusammenhang dieser Berg in Europa
steht. Die Sacri Monti in der Lombardei und im Piemont sowie im Tessin
begannen im Jahre 1491: mit dem in Varallo. Dann folgten nach und nach
die in Crea, Orta, Varese, Arona, Graglia, Oropa, Domodossola, Ghiffa, wo
nur drei *cappelle* übrig geblieben sind, Valperga Canavese, Locarno und
Montà. Das ist der italienische Beitrag zum katholischen Neuen Jerusalem
in Europa. Portugal verfügt über sieben Sacri Monti. Spanien hat zehn anzubieten. Zu den beiden in Frankreich lassen sich freilich die Calvaires in
der Bretagne hinzuzählen. Polen wartet mit 19 auf, darunter die Kalwaria
Zebrzydowska in der Erzdiözese von Krakau. Immerhin besitzt Deutschland in Görlitz den Nachbau vom Heiligen Grab, von dem ein Pilger seine
Zeichnung aus dem Heiligen Land mitgebracht hat.

Für mich sind die Sacri Monti eine Bestätigung dessen, was José Ortega y Gasset in seinem *Über das römische Imperium* schrieb:

Glaube ist nicht eine Idee, der wir unsere Zustimmung geben, eine Idee,
die uns zum Beispiel von einer »wissenschaftlichen Wahrheit« überzeugt ...
Man glaubt sozusagen nicht auf eigene Rechnung, sondern mit allen übri-
gen: Man glaubt in Gemeinschaft.

LEUCHTGESTALT
ROMANO GUARDINI

Wir sind von der See-Mitte im Ruderboot bis an's Ende des Armes von Como gefahren. Über acht Stunden waren wir auf dem Wasser, immer das Ufer entlang mit seinen Ortschaften, seinen Gärten und Villen. Welche Fülle! Da war bei Bellagio die Villa Melzi mit ihrem wunderschönen Garten. Nicht weit von ihr steigt der Viale Giulio zu seiner Villa in breitem Anstieg empor, uralte Zypressen zu beiden Seiten … In einem düsteren Winkel des Sees, ganz schweigend, die Villa Pliniana.

Romano Guardini, 1885 in Verona geboren, siedelte ein Jahr später mit seinen Eltern nach Mainz über. 1910 wurde er in Deutschland zum Priester geweiht. Sein Seeerlebnis schildert er in *Briefe vom Comer See*, die er in Varenna schrieb. Sie sind erstmals in den Jahren 1923/1925 erschienen. Da hatte sich der Kaplan aus Mainz bereits in Bonn für katholische Dogmatik habilitiert. Im Jahr darauf war die Berufung auf den in Berlin neu errichteten Lehrstuhl für Katholische Religionsphilosophie erfolgt. Je stärker ich mich auf den Lario einließ, desto mehr sprach mich das Echo anderer auf dieses Wasserzeichen in der geistigen Landkarte Europas an, denn so kommen zur eigenen Wahrnehmung erweiternde Perspektiven und Zusammenhänge hinzu. Mir gefiel Guardinis Architekturerleben, das zugleich anbrechende Verluste wahrnahm: »Wie sie die Häuser gegeneinander gestellt, wie sie den kleinen Platz angeordnet hatten … Gerade das aber ist verloren gegangen.« Guardini spürte auf der Landzunge von Bellagio noch die Gegenwart einer alten Kultur:

Ich komme gerade von einem langen schweigenden Gang zwischen den Hügeln von Bellagio und San Giovanni, die Seele ganz voll von der Kraft

und dem Wohllaut, die hier zu Bauten geworden sind, zu Gärten, zu Mauern und Wegen. Und alles hat mich auf die Frage hingedrängt: Was ist doch das tiefste Wesen dieser – und der ganzen alten Kultur?

Seine Antwort: »Daß sie vom lebendigen Menschen her geschaffen ist, und aus einem letzten Zusammenhang mit der Natur heraus.« Dazu nennt er noch ein »Maßempfinden«, das zugleich auch »ein letztes Gefühl für Selbstbeschränkung« brauchte.

Im September 1926 schrieb Guardini in der Vorbemerkung zur Sammelausgabe seiner neun Briefe, dass sein Nachdenken nicht für endgültig genommen werden solle. Jeder Brief vom Comer See ist an einen lieben Freund gerichtet. Ich begann zu lesen: Kein Zeitzurücksprung ins Jahr 1923 war erforderlich. Der junge Autor kommt aus Deutschland nach Italien, hat eine Ahnung von dem, was Europa, Treue und Geist ausmacht, und fühlt auf der Stelle, »wie um mich her ein großes Sterben begonnen hatte … Ich sah die Maschine in ein Land einbrechen, das bisher Kultur gehabt.« Guardini war durch die Täler der Brianza gefahren.

... von Mailand zum Comer See, üppig, von emsigem Fleiß gepflegt ...
Die Linien der Dächer fügten sich in vielfacher Führung zu klarer Ein-
heit; ihr Zug lief durch das ganze Städtchen, wie es auf einem Berge saß
oder durch die Schwingungen eines Tales hingelagert war, mannigfach ge-
gliedert, und gipfelte schließlich im starken Höhenton des Glockentur-
mes ... Durchformt und doch vollkommen schlicht ... Natürlich geworde-
ne Kultur ... Eine Welt kommt herauf, in welcher »der Mensch« nicht
mehr leben kann ... Eine irgendwie unmenschliche Welt ... Den grimmi-
gen Ernst, die gewalttätige Kraft, das innere Gewachsensein dem Unge-
heueren gegenüber, was hier alles gefordert ist – ich fürchte, das hat er
nicht, der Südländer ... Die Welt der Maschine kommt aus dem Norden ...
Nun aber sah ich auf einmal im singenden Linienzug einer kleinen Land-
stadt den groben Kasten einer Fabrik!

Einbruch und Bruch zugleich – damals wie heute, nur um einiges rasanter auf der Höhe unserer Zeit: kalter Kaffee, verglichen mit der Baubrutalität unserer Tage, nicht wahr? Sogleich sehe ich Stauengpässe auf den Autobahnen rings um Mailand und alles Baumonströse in ihrem Umfeld: zu gewissen Zeiten unpassierbare Straßen zwischen Monza, Milano und Lecco. Dennoch: Die »singenden Linienzüge« sind doch immer noch da – ob in Argengo oder Bellagio. Guardinis »Jedes Haus eigen gebaut, und doch aus einem großen Gemeinschaftsgefühl heraus geformt«: Sah ich derlei nicht leibhaftig vor mir, ob in S. Fedele d'Intelvi oder drüben in Nesso und Torno? Leicht modernisiert passt seine Klage gleichwohl auf die Universalmacht der Globalisierung, zu deren gewalttätiger Kraft das Ausrotten des Bauern ebenso gehört wie das Schwinden der so unmittelbarkeitsfreundlichen kleinen Läden. »Unaussprechliche Schönheit ist hier«, schrieb Guardini, und das stimmt doch heute noch ebenso für die Orte am Comer See. Guardini aber wurde ihrer nicht froh: Auch das kann heutzutage stimmen, nicht nur bei entsprechendem Verkehrsaufkommen. Akzeptieren wir nicht längst automatisch fürs Urlaubsschön das Nebenkostenbelastend, ein Synonym für akzeptable Kollateralschäden?

   In einem anderen Brief schildert Guardini seine »Sehnsucht nach der ganz unberührten Natur« mit diesem Bild:

Nimm ein Segelboot. Auf dem Comer See hier fahren sie, schwer, für gro-
ße Lasten ausreichend ... Die Linien des Bootes und seine Maßverhältnis-
se bleiben in einem tiefen Einklang mit Wellen- und Winddruck und mit
dem lebendigen Maß des Menschen. Und der das Boot regiert, bleibt mit
Wogen und Wind in ganz enger Verbundenheit ... Mir hat das Herz weh
getan, als ich in einem dieser Boote auf einmal einen Benzinmotor einge-
baut sah.

Falsche Romantik eines rückwärtsgewandten Hinterwäldlers? Den Benzin-
oder den Düsensprung haben wir doch längst geschafft. Guardinis Entsetzen indes gilt mit denselben Worten ebenso für die Massentierhaltung unserer Agrargroßbetriebe: »Die Natur ist weit möglichst ausgeschaltet«, so
Guardini. Auch das kennen wir und leben damit, ob im Jet, im ICE oder
am PC. Guardini sah und spürte, was »der Bauer auf dem Bock des Trak-
tors nicht mehr kann«. Und ein darauf angesprochener Agraringenieur von
heute ahnt nicht einmal mehr, was ihm, im Gegensatz zu seinen Vorfahren, bei seiner jetzigen Megatätigkeit entgeht. Er braucht weder Libelle
noch Feldlerche zu kennen. Und da erinnert dieser scheinbar Altmodi-
sche unserer Zeit entsprechend zutreffend an kriminelle Lebensmittel-
verfälschungen und Gammelfleischskandale, wenn er feststellt: »Unsere
Nahrungsmittel sind verkünstlicht auf der ganzen Linie.« Guardini kommt
konsequent auf den Zwang zu sprechen, den »willkürlichen, aller Ehrfurcht baren Zwang«. Welche Zwänge haben wir Achtundsechziger nicht
alle abgeschüttelt!

Schildert Guardini nicht spiegelbildlich unsere Tage, wenn er feststellt:

Die Statistik schafft die Unterlagen; ein Apparat von Beamten gebraucht
sie und übt so Herrschaft und zwingt alles in dieses System ... Ein System
von Maschinen legt sich um das Leben.

Allerdings sind die Kommandogeber jeder Maschine noch immer Menschen, also unseresgleichen. Ausgeübt wird Herrschaft auch mit gut ver-
steckten filigranen Vorschriften. Ein anderer Satz indes mutet wie eine
Grundgesinnung von Konrad Adenauer an:

Wirklicher Politiker kann nur sein, wer die darin wirksamen Kräfte und Ordnungsformen in ihrem Verhältnis zueinander kennt; wer sie im Gespür trägt und damit zu arbeiten vermag.

Halten sich daran die medienbewussten Politiker unserer Tage auf dem Glatteis des Medienparketts, gierig nach dem zählbaren Muss von Einschaltquoten und Umfrageergebnissen?

Guardinis Erschrecken rührt gewiss auch von der Mitgift seiner Biografie her. Nach Studien, zuerst Chemie und Nationalökonomie, denen in Freiburg und Tübingen Theologie folgte. Seinen Lehrstuhl in Berlin hob die nationalsozialistische Diktatur 1939 auf. Im selben Jahr schlossen dieselben Machthaber auch seinen Vortragsort auf der mainfränkischen Burg Rothenfels. 1968 verstarb Guardini in München, wo er nach dem Zweiten Weltkrieg lehrte. Heute sind Lehrstühle in Berlin und München nach ihm benannt. Als Kind war Guardini des Öfteren bei den Großeltern in Verona. Seine Eltern erlebte er als »gläubig – Vater vielleicht mit einem leisen skeptischen Einschlag, der beim Italiener sehr häufig ist. Er ging jeden Sonntag zur Kirche … Mutter war fromm in einem sehr innerlichen und herben Sinne.« Guardini wusste bald: »Die Zeit des naiven Europäismus ist vorbei. Die unbedenkliche Selbstgenügsamkeit des Europäers ist erschüttert …«

Ein anderer Brief erinnert an die schmale Landzunge zwischen den beiden Armen des Comer Sees, wo einst »ein altes Raubnest« stand, die Burg der Serbelloni. Nach hinten hin »liegt noch die Villa Serbelloni, jetzt ein Hotel, trotzdem noch von erlesenem Reiz«. Die Villa Giulia war für ihn »von solcher Einfachheit, daß du staunst«. Der »Bruch« indes rühre vom Isolierten her, vom »nur noch rational Erfaßten«, was »nichts weiter ist als Apparat gewordene Rationalität«. An diesem Kulturverlust wirke der »Wille zur selbstherrlichen Zwecksetzung« mit. Doch in einem weiteren Brief plötzlich diese Blickrichtung: »Gott braucht keine Begriffe. Er schaut.«

Was Guardini unter alter Kultur versteht, kommt mir vor wie die Essenz von Kultur überhaupt, für die das Beiwort »alt« überhaupt nicht in Frage kommt, denn sie gründet auf dem, »was immer gilt«.

Nach diesen Betrübnispassagen folgen im abschließenden Brief weder

Illusion noch Retro-Utopie, weder Betrübnis noch Anklage. Der Priester und Autor stößt vor zur Zuversicht.

Dieses Genug hat seine Gründe. Es reicht hin, Guardinis andere Bücher zu lesen: *Von heiligen Zeichen, Vom Sinn der Kirche* oder *Der Sonntag, gestern, heute und immer*. Gerade dieses Immer wird sinnlich erfahrbar in seinem 1928 veröffentlichten Tagebuch *Im Engadin*. Darin vermittelt er die Erfahrung vom »Pass«, nach einer Fahrt über den Albula:

> *Du kommst von unten her, aus Menschenland. Du gehst hinab in Menschenland. Dazwischen aber, ganz kurze Zeit ist etwas Anderes.*

In diesem »Anderen« wird etwas geschaut: Das »Licht« verklärt das Körperliche ins Geistige. Guardini bringt das Wort »Verklärung« in einen gläubig-transzendentalen Zusammenhang: Es ist das Wort, »in welches südliches Christentum seine ganze Erlösungszuversicht gegossen hat«.

Einen weiteren Schlüssel zu solcher Zuversicht fand ich in Romano Guardinis Vortrag über Hölderlins *Weltbild und Frömmigkeit*, der am 8. Juli 1944 (!) in der Stuttgarter Hörderlin-Gesellschaft gehalten wurde und als Buch 1946 erschien: *Form und Sinn in den Dichtungen Hölderlins*. Der entscheidende Sprung gelingt, wenn ein Ausschnitt als »ein Ganzes« gesehen werden kann, »dessen Teile aufeinander bezogen sind«. Dann tritt dieses fremde Ganze unter einen neuen Bezugspunkt, denn »diese Landschaft ist nicht in sich fertig, sondern entsteht aus der Begegnung des Einzelnen mit der umgebenden Wirklichkeit«.

PASSEGGIATA
ADENAUER 5

ITALIEN: EIN URMAGNET
FÜR NÖRDLICHE EUROPÄER

Wie ein Scherenschnitt wirkt der im Jahr 1963 von hinten fotografierte Bundeskanzler vor einer belaubten Mauer im Garten der Villa La Collina: nordwärts hinausschauend auf den Comer See, aufrecht wie die beiden Zypressen rechter Hand. Dieser Ausblick suggeriert, dass der Hausherr auf Zeit wohl wusste um die Symbolkraft dieses dreiarmigen Sees: Spiegelte dieses Gewässertrio nicht auch sein europäisches Personenterzett, das ihm ein Neugestalten in Europa erst ermöglichte? Es war die rechtzeitige Begegnung, bald nach Kriegsende, mit dem aus dem Trentino stammenden Italiener Alcide de Gasperi (1881–1954), der ebenso Deutsch verstand wie der in Luxemburg geborene Franzose Robert Schuman (1886–1963). Beide, in zwei verschiedenen Sprachwelten aufgewachsen, waren zeitweise Ministerpräsidenten ihres Landes; der Italiener wurde von den dortigen Faschisten verbannt, dann Mitbegründer der Democrazia Cristiana; der Franzose initiierte die Montan-Union und wurde schließlich Präsident des Europaparlaments.

Diese drei Europäer in ihrem freundschaftlichen Dreierbund machen anschaulich, wie unabdingbar notwendig persönliche Konstellationen sind, in denen ein Vertrauensverhältnis weitreichende Entscheidungen ermöglicht und mitträgt.

Konrad Adenauer nach Norden blickend, vom Comer See aus, wo für ihn Cadenabbia »eine der gastlichen Pforten des Landes« geworden ist – und dazu stellt sich mir nun diese Assoziation ein: In seinem Gedicht *Heimkunft* aus dem Jahre 1801, bei der Rückkehr von einer Hauslehrerstelle in der Schweiz, rühmt Hölderlin den »Boden der Heimat«, dazu den Hafenort »glückseliges Lindau«, und nun seinerseits nach Süden blickend stellt sich der Dichter vor, wie »reizend« es doch sein könnte, »hinauszugehn in die vielversprechende Ferne … Dort hinein, durchs helle Gebirg, nach Como zu wandern …«

Im Jahr 1951, Adenauer ist damals Kanzler und Außenminister in Personalunion, setzen seine Auslandsreisen ein; er achtet darauf, dass bei aller Unruhe der eigene Lebens-, Tages- und Wochenrhythmus nicht aus dem Takt kommt: »Auch die Hotels wechselt er nicht gern, wenn er sich einmal an eines gewöhnt hat.« Hans-Peter Schwarz schildert in seinen beiden Bänden *Adenauer. Der Aufstieg: 1876–1952* und *Adenauer. Der Staatsmann: 1952–1967* anschaulich dessen Welt mit ihren Ruhepolen: »Ein Leben, das alle äußeren Formen bürgerlicher Normalität aufweist.« Aus diesem sicheren Rückhalt, den ihm auch sein Cadenabbia bietet, stellt er sich auf Europa ein; überzeugt, dass »europäische Lösungen, wie immer sie im einzelnen gestaltet werden, den deutschen Interessen genauso dienlich sind wie den nationalen Interessen der anderen Europäer«. Er habe, so ist zu lesen, konkrete Vorstellungen von Tugenden, Schwächen und Fehlhaltungen der Völker und könne sich eben deshalb auf das als ungewöhnlich bezeichnete Experiment der supranationalen Montanunion einlassen.

Adenauer wie de Gasperi kennen die »Zerstörungskraft des modernen Nationalismus«. De Gasperi ist bereits über fünf Jahre italienischer Ministerpräsident, als Adenauer im Juni 1951 zu seinem ersten offiziellen Staatsbesuch in einem Ausland eintrifft: in Rom. Dort erlebt er einen »richtigen Staat«, mitsamt Carabinieri »in Paradeuniform« – im Gegensatz zum »westalliierten Protektorat wie der Bundesrepublik«. Adenauer und de Gasperi sehen sich miteinander im »breiten Ideenstrom der christlichen Demokratie« verbunden. Seit früheren Reisen in Oberitalien fühlt sich Adenauer »zu diesem Land hingezogen«, berichtet Schwarz, und nun »überwältigt ihn auch Rom selbst«. Es fügte sich, dass beim Spaziergang durch das antike Rom der herausragende Archäologe Ludwig Curtius den Kanzler über das Forum Romanum führte. Curtius schilderte in seinen »Lebenserinnerungen« *Deutsche und antike Welt* kurz seine Begegnungen mit Mussolini, vor dem er mit seiner eigenen Meinung nicht zurückhielt; vom Führer Hitler war er »aus dem Dienste des Reiches« beim Deutschen Archäologischen Institut in Rom bereits 1937 entlassen worden, was er »wie einen Ritterschlag« aufnahm. Curtius empfand »Abscheu« vor dem Nationalsozialismus, der ihm »im Innersten so tieffremd und so widerwärtig« war.

Sein Widerstand sei »weniger ein politischer als ein humanistischer«; dieses Bekenntnis dürfte auch einen inneren Draht zu Adenauer hergestellt haben. Der Kanzler wusste um die »Empfindlichkeit« von italienischen Freunden; ebenso kannte er den Argwohn europäischer Freunde und auch »misstrauischer Evangelischer«, wenn er ein »allzu enges deutsch-italienische Zusammenwirken« herbeizuführen versuche. Hans-Peter Schwarz betont zudem, dass »die Erinnerung an die Achse zwischen Hitler und Mussolini im übrigen Europa noch unvergessen« war.

Adenauer wusste zugleich recht gut, dass es für andere Länder, darunter auch Italien und die Benelux-Staaten, nicht »unproblematisch« ist, »wenn sich Deutschland und Frankreich zu gut verstehen«. In den darauffolgenden Jahren, insbesondere ab 1957, pflegte er deshalb von Cadenabbia aus regelmäßige Kontakte sowohl zum Ministerpräsidenten Fanfani als auch zum zeitweiligen Ministerpräsidenten bzw. Außenminister Antonio Segni. Der eine repräsentierte den rechten, der anderen den linken Flügel der Democrazia Cristiana.

Für den so ortstreu an seinen Comer See Zurück- und oft Heimkehrenden war diese Landschaft Berührungspunkt mit dem römisch grundierten Abendland Europa – so, wie für ihn Rom Antike und zugleich Ewige Stadt bedeutete, also der unerschütterliche irdische Mittelpunkt der römisch-katholischen Kirche. Hans-Peter Schwarz: »Er hat es den Italienern nicht vergessen, daß sie ihn im Juni 1951 nach Rom eingeladen haben, als noch keine andere Regierung seinen Staatsbesuch für wünschenswert hielt ...«

In seinem südlichen Bonn hatte Adenauer den südeuropäischen Außenblick auf das, was Deutschland umgab; hier konnte er am Gefühls- und Stimmungsbaromenter manches ablesen, was im nördlichen Alltag verstellt blieb.

SEEPOESIE

AUTORENTREFFEN

Mitte Oktober 2007 fuhr ich auf einem Schleichweg durchs Valtellina in Richtung Comer See: Die Einladung zur XIII. Autorenwerkstatt der Konrad-Adenauer-Stiftung nach Cadenabbia empfand ich als Auszeichnung und als Verlockung: Sie versprach Öffentlichkeit – unter Ausschluss einer lauernden Presseöffentlichkeit. Kulturpolitische Gespräche zwischen Autoren und CDU-Politikern hatten mit Bernhard Vogel im Schloss Eichholz 1991 begonnen. Sie fanden 1993 einen vorläufigen Höhepunkt in Weimar, wo ein freimütiger Ost-West-Austausch stattfand.

In Bernhard Vogel habe ich bislang den einzigen Ministerpräsidenten erlebt, der auch Gegenwartsliteratur gerne liest und sich dazu sachkundig äußern kann. Es lag auf der Hand, dass er das Lesebuch *Cadenabbia als literarischer Ort* herausgab, in dem Schriftsteller der Autorenwerkstatt von 1995 bis 2006 zu Wort kamen – im breiten Spektrum von Elisabeth Borchers, Elke Erb, Thomas Hürlimann, Daniel Kehlmann, Hartmut Lange, Patrick Roth bis zu Hans Christoph Buch und Arnold Stadler.

Überdies war es ebenso ein engagiertes Unterfangen, dass dieselbe Stiftung im Jahr 2002 mit ihren Symposien *Europa im Wandel* in Prag begann. Im zweijährigen Turnus schlossen sich u. a. Danzig, Budapest und Riga an. Jede Veranstaltung war als »Brücke zu einem vereinten Europa« gedacht, und jedes Mal standen dieselben Stichworte als Thema in dieser symbolhaften Reihefolge: Literatur, Werte und europäische Identität. Sowohl in Danzig als auch in Riga begegnete ich Norbert Lammert. Auf Anhieb war zu spüren, dass für ihn zeitgenössische Literatur zum täglichen geistigen Brot gehört. Der inzwischen zum Präsidenten des Deutschen Bundestags Gewählte ist ein *homme de lettres* an der Spitze unseres Staates. Angenehm überraschend, dass er auf seiner Homepage belletristische Neuerscheinungen bespricht. Unlängst hat er, mit Bochum ja besonders verbunden, für ein Chorwerk in der Bochumer Christuskirche das Vaterunser neu übersetzt.

Von den dieses Mal teilnehmenden Werkstattgästen kannte ich noch keinen persönlich, von den Moderatoren allerdings Birgit Lermen, Michael Braun und Andreas Öhler. Niemand brauchte nach Beifall oder sofortigem Erfolg zu schielen, keiner war genötigt, Geheimnisse aus seiner eigenen Werkstatt preiszugeben. Jeder las aus gerade Entstehendem oder aus soeben halbwegs Fertiggewordenem. In der entkrampfenden Atmosphäre der Villa den Vorlesenden lauschend, da fiel mir Unrast ebenso auf wie vorbehaltloses Vertrauen in die Tragkraft der deutschen Sprache, wenn erzählt wird. Erstaunliche Blicke ins Alltägliche – insbesondere bei den Autorinnen; in dieses Buntdeutsch mischten sich Stimmen mit unverwechselbarer und unverzichtbarer DDR-Prägung, dazu Pariser Hintergrund bei Gila Lustiger, deren neues Buch *Woran denkst du jetzt* erst kürzlich erschienen ist, und bizarr anmutendes Menschengeflecht in einer Erzählung von Marie-Luise Scherer, deren *Akkordeonspieler* ich hernach mit großer Begeisterung las. Die unterschiedlichen Erfahrungen verschiedener Generationen taten das Ihrige dazu, in einer Atmosphäre ohne Wettkampf. Am meisten faszinierte mich die Brandgeschichte der in Persien geborenen Sudabeh Mohafez.

An einem Werkstatttag waren wir eingeladen, mit einem Sonderboot von Cadenabbia auf direktem Seeweg zur Villa di Balbianello zu fahren. Hier hat der Kardinal Angelo Maria Durini ein vorheriges Kloster, von dem die zweitürmige Kirche übrig blieb, profaniert zur noblen Villa, die in dieser Gestalt seit 1787 besteht. Ihr letzter Besitzer, der 1988 verstorbene Graf Guido Monzino, vermachte das Ensemble der italienischen Denkmalpflegestiftung FAI, Fondo per l'Ambiente Italiano. Von der intimen Hafenbucht Stufen hinauf, an der Kirche vorbei, über Treppen zu den Wohnräumen des Grafen, der aus einer der wohlhabendsten Mailänder Familien stammte und Welterkunder war. Ein Schlitten erinnert an die 1971 von Monzino organisierte Nordpolexpedition. Andere Mitbringsel vergegenwärtigen seine Aufenthalte in Afrika, Lateinamerika sowie die Bezwingung des Mount Everest durch die erste italienische Seilschaft, an der Monzino teilgenommen hatte, wenngleich er den Gipfel nicht erreichte. Das Wohn-

haus oben verlassend, tat sich der Garten der Halbinsel auf und der Blick zu einem zierlich-eleganten Gebäude, einer Loggia, die allein von den Bücherschätzen des Grafen bewohnt wird. Eine der schönsten Bibliotheken, die ich im an Bücherschatzhäusern so reichen Europa kenne. Sie enthält fast ausschließlich Werke der Alpinistik und Geographie.

Mit dem Schiff zurückfahrend schien mir, als wäre auch weiterhin das Boot Buch, insbesondere des Typs Poets-Essayists-Novellists, ein unsinkbares Schiff. Natürlich nur, insofern es mit Literatur und Sprache allein hinausfährt auf noch unbefahrene Meere, wie einst der portugiesische Poet Fernando Pessoa in seiner Meeresode: *Por mares nunca dantes navegados.*

Auf der Liste der Eingeladenen stand auch Andreas Maier, der nicht teilnehmen konnte. Ohne von ihm zu wissen, hatte ich allein wegen des Titels bestellt: *Bullau. Versuch über Natur.* Nach der Heimkehr war das mit dem Bild einer Kohlmeise geschmückte Buch da. Schon lange nicht mehr hat mich Prosa derart angesprochen. Mit welch unbefangener Freude begegnen Autor und Mitautorin Christine Büchner einem Kleiber, einer Taube – zwischendurch den Leser fragend, ob wir denn »überallhin« müssten. Ich war beglückt von diesem Versuch über Natur, denn da leuchten Sätze mit Ideale entzündender Kraft, die eine Vorstellung vom Eigentlichen eines Werkes vermitteln: »Werke der Sehnsucht, der Ehrfurcht und der Demut. Und notgedrungen der Schwermut. Das kann der Kölner Dom sein, dann ist er selbst ein Vogelsang, etwas, das die Welt besingt, aber nicht verändert … auch wenn er ein riesiges Gebäude aus aberwitzig vielen Tonnen Stein ist.«

Am Gardasee gibt es immerhin noch ein paar echte und somit originale Limonaie, jene Gewächshäuser, in denen einst die berühmten Zitronen nicht nur blühten, sondern heranreiften und überall Absatz fanden, bis sie der süditalienischen Konkurrenz nicht mehr gewachsen waren. Solche Limonen-Häuser stehen noch in San Vigilio, in Torri sowie in Limone. Am Comer See habe ich dergleichen noch nie gesehen, wiewohl dort in manchem Garten Zitrusbäumchen vorzüglich gedeihen. Eine Erinnerung an das Vorbildhafte und Artenreiche der italienischen »Agrumengewächse« bewahrt das reich illustrierte Buch über die Nürnberger Hesperidengärten von Johann Christoph Volckamer, das 1708 erschien.

Die berühmte Familie der Brentanos stammt vom Comer See. In ihren Anfangszeiten begannen die Brentanos auch mit dem Verkauf von Zitronen *in Germania*. Ihre *Buben* zogen dabei von Haus zu Haus, wie ambulante Verkäufer, dabei »typische Produkte vom Comer See« anbietend. In Wirklichkeit aber kamen die Zitronen aus Messina, dort von einem anderen Brentano aufgekauft, der sie wieder über einen anderen Brentano, der sich seinerseits in Genua aufhielt, an andere Brentanos weiterschickte, die sie dann in deutschen Städten verkauften.

Ein beispiellos Brentano'sches Handelsvertriebsnetz. Es dauerte nicht lange, und der Brentano'sche Stammbaum trug auf deutschem Boden ganz andere Früchte: wundersame Poesiepomeranzen und geistige Agrumenfrüchte – sieben an der Zahl.

Was wäre die Deutsche Romantik ohne Clemens Brentano? Der 1778 in Ehrenbreitstein am Rhein Geborene war der Sohn eines aus der Lombardei eingewanderten Kaufmanns. Hans Magnus Enzensberger, von dem Dichter fasziniert, gab 1958 eine Auswahl von dessen Gedichten, Erzählungen und Briefen heraus. Clemens Brentano, mit Achim von Arnim Herausgeber der Volksliedersammlung *Des Knaben Wunderhorn*, veröffentlichte unter anderem *Italienische Märchen* und *Rhein-Märchen*. 1842 verstarb er in Aschaffenburg. Seine Schwester, die Bettina Brentano (1785–1859), mit Achim von Arnim verheiratet, wurde mit ihrem Buch *Goethes Briefwechsel mit einem Kinde* ebenso berühmt wie mit den zwei Bänden des Briefwechsels mit ihrem Mann – den *Ehebriefen*. Ihr Bruder Christian

Brentano (1784–1851) wiederum, der sich als Herausgeber von Clemens' Arbeiten verdient gemacht hat, war der Vater von Franz Brentano (1938–1917), dem Philosophen in Wien, sowie des sozialistischen Nationalökonomen Lujo Brentano (1844–1931). Als Urgroßneffe erlangten des Weiteren Berühmtheit: Bernard von Brentano (1901–1964) als Schriftsteller. Er beteiligte sich noch mit dem Essay *Europa im Buch* an dem *Antaios*-Band *Ernst Jünger zum 70. Geburtstag* (1965); darin der zuversichtliche Satz: »Wer kann schon alle Sprachen, die in unserem Europa gesprochen werden? Welcher Ausländer spricht denn mit einem Ausländer? Aber da kommen die Bücher und reden.« Und natürlich ebenjener Heinrich von Brentano (1904–1964), der als Bundesaußenminister unter Konrad Adenauer sowie als Vorsitzender der CDU/CSU-Bundestagsfraktion den Kanzler an den Comer See brachte.

Als Stammmutter dieser ertragreichen Gewächse gilt Maximiliane La Roche, die anno 1774 Pietro Antonio Brentano heiratete, so dass wir von Nachfahren der lombardischen Hesperiden-Äpfel sprechen können, die, an die antiken Sagenäpfel des Hesperus erinnernd, den Lario mit deutschen Landen verbinden.

EUROPÄISCHES ZUSPIEL

Und plötzlich, nach dem Schmerzstich des Todes von einem Freund, der lange Jahre 1. Kapellmeister am Nürnberger Opernhaus gewesen war, kollerte unerwartet eine Brentano-Pommeranze auf meinen Schreibtisch: Meine Textpassage war längst abgeschlossen. Ich hatte nach der Beerdigung von Wolfgang Gayler an seine Frau Lelia geschrieben und ihr nur mitgeteilt, dass ich über den Comer See schriebe, da kam postwendend, am 24. Oktober 2011, die Kopie einer Familienurkunde: Stefano Brentano di Tremezzo hatte anno 1743/1745 umfängliche Weinlieferungen an seinen Sohn Bernardo Brentano di Hofheim gesandt; die *summa* belief sich in der Rechnung vom 27. *Febraro 1745* auf *1015 ƒ 17*. Diese Weinhändler vom Comer See waren die Ururur- und Urururgroßväter mütterlicherseits von Lelia Gayler – auch da lächelte jetzt der Lario über sein europäisches Zuspiel.

»Ob der Wein auf Wagen von Mauleseln gezogen über die Alpen kam, über den Berninapass, ob dann verladen auf Schiffe rheinabwärts, das weiß man nicht mehr so genau. Das Papier hat sich in der Familie erhalten«, bezeugte Lelia.

TREFFER VON DICHTERN

Am 2. September 2010 eröffnete ich meinen Vortrag über »Geistige Querverbindungen Europas am Comer See« vor Universitätsprofessoren im Grandhotel von Cadenabbia so:

Heute, auf den Tag genau vor 99 Jahren, reiste ein deutschsprachiger Dichter, geboren in einer der einstigen deutschen Hauptstädte, vom Luganersee zum Comer See. Im grenzüberschreitenden Boot beobachtete er einen Zollbeamten, der »ein Körbchen rasch durchkramt, als sei alles ein Geschenk für ihn«.

Dieses Detail entging der Aufmerksamkeit des Dichters ebenso wenig wie die Erfahrung des »eigenen unsicheren Italienisch«, das sich »gegenüber der Sicherheit des Italieners nicht halten« kann. Der Dichter wurde zu einem der wenigen literarischen Augenzeugen des Zuges von Porlezza nach Menaggio. Dessen clevere Besonderheit bestand anno 1911 darin, dass er wegen der Steigung seewärts oberhalb von Menaggio zuerst Richtung Griante – also weg vom Ziel – fuhr. Er hielt auf einem Rangiergelände an, wo die Lok abgehängt, auf einer Drehscheibe gewendet und am anderen Ende des Zuges wieder angehängt wurde, um alsdann spitzwinklig in entgegengesetzter Richtung abwärts zum Seeufer zu fahren. So konnte jemand, zum ersten Male hierherreisend, meinen, der Zug fahre wieder zurück. Der Dichter notierte sich zudem noch im Garten der Carlotta etliche Pflanzen und Bäume, darunter eine riesengroße Palme.

Der den Dichter Begleitende machte sich ebenfalls Notizen. Am Abend wirkten auf ihn am See »die Dampfer wie eine Schlachtflottille in der Bucht«. In Cadenabbia stellte er fest, dass »die Vorhänge alle braun mit weißen Ornamenten am Rand« sind, als lokale Mode. Beim abendlichen

Rundgang in Menaggio bemerkte er Bellagio gegenüber. Der Dichter war Franz Kafka, sein Begleiter Max Brod.

Im Jahrhundert zuvor, in dem Gedicht *Ein Pilgrim* von Conrad Ferdinand Meyer, wird der Lago di Como nur beiläufig erwähnt: »Es war am Comer- oder Langensee, / Auf lichter Tiefe trug das Boot mich hin …« In seiner nachfolgenden Interpretation, in der beispielhaft anregenden *Frankfurter Anthologie*, monierte Golo Mann eine Schwäche darin: Der Dichter »mußte doch wissen, welcher See es gewesen war«. Ich wiederum wunderte mich, wie ein Schweizer Dichter den Comer See auf eine Stufe mit einem weithin unbekannten Langensee stellen konnte. Ich suchte erst gar nicht auf einer Schweizer Landkarte danach. Zufällig-rechtzeitig stieß ich auf den Text *An Schweizer Seen*, der 1921 in *Reise und Einkehr* von Wilhelm von Scholz erschienen war; da verglich der Dichter aus Konstanz den Luganer See – »wie bedrängt und in die Enge getrieben« – mit seinen beiden Nachbarseen: Der eine war »der Langensee«, der ihn »an Großartigkeit, Weite und Vielfältigkeit« übertreffe; der andere, »der Comersee an Schönheit«. Nun konnte kein Zweifel bestehen, dass mit dem »Langensee« seinerzeit der »Lago Maggiore« gemeint war: der Größere als der Lange.

Wilhelm von Scholz erlebte bei seiner Schiffsfahrt einen besonderen Zauber: »Ein Nah- und Großwerden der Ufer mit Terrassen und Villen, Gondeltreppen, Häfen, vergitterten Bootseinfahrten … Rundwerden eines hellen Dörfchens zu einem steinernen Raumgebilde mit Brücke, Felswasserfall … Immer wieder in die bewegten, einander schneidenden Schrägen der Ufersenkungen die steilrechten Zypressen …« Sein Seherlebnis bei der Villa Serbelloni wuchs beim »inneren Wortwerden über sich hinaus«, denn der Ausblick nach »allen vier Windrichtungen« öffnete jedes Mal »ein neues, in sich geschlossenes Landschaftsbild«, das »dann mit dem benachbarten verschmilzt und das Auge weiterleitet, fast im Wirbel …« In der Villa Carlotta verglich von Scholz: »Während im Park der Villa Serbelloni alles von der herrlichen Lage und der in jeden Winkel der Baumgänge hineinwirkenden, -leuchtenden Ferne bestimmt wird, ist hier alles Nähe, unmittelbare, fast ängstigende Gegenwart der bizarren, grotesken Pflanzenkraft der Erde, die den Menschen im Banne der seltsamsten Märchenwesen, in Blütenschlingen und grünen Fangarmen, festzuhalten scheint.«

EIN KÖNIG
AUF DEM LARIO

Von der Villa aus, im frischkühlen Pool, schaue ich gerne auf den Lario
hinab und freue mich an den Fähren, die ich alle auf den ersten Blick bei
ihrem Namen nennen könnte. Eines Morgens, nach einigen Zügen, traute
ich meinen Augen nicht. Ohne mich abzutrocknen, rannte ich ins Zimmer
Torino, um mein fotofähiges Handy zu holen, denn das Gesehene würde
mir sonst kein Mensch glauben. Um die Seekante bei Bellagio fuhr ge-
mächlich ein Riesenschiff, das, wenn auch ein wenig kleiner, der M/S Ves-
terålen glich, einem Postschiff der norwegischen Hurtigruten, mit dem ich
einmal von Bergen nach Trondheim gefahren bin. Das Schiffsungetüm
nahm Kurs auf Como. Das war kein Augentrug.

Da kam der Gärtner Pietro daher, las meinem Blick die Frage ab und erzählte: »Du siehst, *caro Gottardo*, dass auch unser schönes Italien sich
nicht der Globalisierung verschließen kann. Neue Märkte erschließen
heißt die Devise. Wir locken ja in die *fondazione* auch schon die aben-
teuerlichsten Kongresse ... Neulich hatten wir hier aus allen, wirklich aus
allen Ländern Afrikas je zwei Vertreter da. Es ging um den alten Traum einer alle Länder Afrikas in einer Linie verbindenden Transafrikabahn und
ihre Vorteile gegenüber den Flugverbindungen. Und stell dir vor, abends
konnten die alle bereits Boccia spielen.«

Er bestätigte mir, dass es sich um den maßstabsgetreuen Nachbau eines Postschiffes aus Norwegen handle. Der Conte Sarpinelli, verwandt mit
den Visconti, eine Zeit lang Botschafter in Norwegen, sei von der Harmonie dieser Schiffe mit den dortigen Fjordbuchten derart angetan gewesen,
dass er so etwas unbedingt auch auf dem italienischen Dreifjordesee haben wollte – mit dem Lockslogan »Norwegen in Italien«. Zum ehema-
ligen Ministerpräsidenten hatte er ja eine erstklassige Beziehung. Doch

selbst der gestand, dass er so ein Projekt weder gegen die Anwohner noch gegen die aufsässigen italienischen *verdis* mit ihrem Olivenbanner durchsetzen könne. Er solle sich halt als bekannter *bluffatore* eine List ausdenken.

Der Conte hatte sich bereits von einem deutsch-italienischen Konsortium genaue Pläne machen lassen. Damit schwindelte er den Behörden vor, ein neuartiges Hotelschiff bauen zu lassen, an einer überaus landschaftsverträglichen Stelle, mit der Begründung, dass bei sinkenden Tourismuszahlen der Lario einen Attraktivitätsschub brauche. Unser Lago di Como müsse sich gerade dank seiner unvergleichlichen Villen noch schärfer hervorheben gegenüber dem überlaufenen Lago di Garda und dem da und dort anderweitig verhunzten Lago Maggiore.

Die in den Behörden runzelten zunächst die Stirn. Aber die italienische Aufgeschlossenheit für alles Neue ist ja bekannt. Die Firma Elassi war rasch für die Innenausstattung gewonnen. Die Zuständigen der Navigazione Laghi witterten eine Auslastung ihrer Werften und damit die Aussicht auf viele neue Arbeitsplätze. Dass Re di Fiordo, wie das Schiff heißen sollte, eine eigene Villenlinie bedienen könnte, lag auf der Hand.

Der Conte, der gewievte *bluffatore*, hatte das Hotelschiff auf seinen Plänen viel kleiner als wirklich geplant ausgegeben und zugleich zugesichert, dass es seetüchtig fahre, allen Schiffsbauvorschriften gemäß, aber es werde keinen der Häfen am Lario direkt anlaufen. Nun galt es nur noch, die knifflige Frage des Liegeplatzes zu lösen. Alle Beteiligten wussten, dass jede Seegemeinde Zeter und Mordio schreien würde, wenn bei ihr eine Touristen verscheuchende Großbaustelle entstünde.

Da ereignete sich nach einem heftigen Gewitter ein noch nie dagewesener eruptiver Erdrutsch, der für mehrere Tage den nördlichen Ausgang des Straßentunnels von Lecco-Malgrate nach Bellagio verschüttete. Das Unheil kam dem Konsortium LarioFiordoItaly gelegen, da niemand die entsprechenden Sprengungen während des Gewitters vernommen hatte. LaFiolt versprach, auf seine Kosten im Umfeld der geplanten Baustelle nicht nur Schadensbeseitigung, sondern zugleich auch die langfristige Sicherung dieser Steilküste gegen künftige Felsabgänge.

Zunächst entstand an der vollkommen unbebauten Steilküste ein riesiges Gerüst, hinter dessen Verhüllungen uneinsehbar gebaut werden konnte.

Für die Baufahrzeuge war eine Stichstraße auf Pfählen errichtet worden. Kleine und wie Wasserpolizeiboote anmutende Schiffe sperrten das Baugelände seeseitig ab. Die Bauarbeiter wurden in Containern, wie auf Pfahlbauten, kaserniert, so dass kaum etwas nach außen drang. Deren Versorgung lief über eine Cateringfirma aus Lecco. Man schrieb von einem schwimmenden Seehotel, das eine vollkommen neue Lariovilla auf dem See selbst werde.

Anfangs schien sich nach der Schadensbeseitigung wenig zu tun, so dass mancher munkelte, das werde wohl erst was am *giorno di San Mai* werden, dem auch in Italien bekannten Sankt-Nimmerleins-Tag. Mit der auch hier verbreiteten Vernebelungspolitik wurde erreicht, dass sich in den Medien niemand mehr mit dieser spinnerten Idee beschäftigte. Mancher Bürgermeister der Ufergemeinden beschwichtigte zwischendurch Gemeinderäte und Anwohner, dass so ein *villabattello* neue Gäste herbringe. Denn mit der Villa Carlotta allein könne man auf Dauer die Gemeindekassen nicht mehr auffüllen.

Eines Tages, es war an einem 29. Februar, fiel der Vorhang und das Hotelreiseschiff Re di Fiordo legte ab. Da der »Fjordkönig« ob seines norwegischen Nordseetiefgangs naturgemäß nicht mal in den Hafen von Como einlaufen konnte, hatte Conte Rezzori, der Manager des Conte Sarpinelli, bei den lokalen Werften kleine Zubringerboote in Auftrag gegeben, die von allen Häfen des Comer Sees, wie Fischschwärme, die reisefreudigen

Hotelgäste vom Riesenschiff an Land zu kooperierenden *ristorantes* brachten und wieder zurück.

Die Attraktion schlug ein. Gäste in Fülle. Da der Conte Sarpinelli mit den Hafenorten eine beträchtliche Abgabe der Einnahmen vereinbart hatte, war auch der umweltbewussteste *sindaco* nicht mehr dagegen – selbst wenn er bekannte, dass man wie bei einem Blitzkrieg überrumpelt worden sei. Weil die Zerlegung des eventuell als Schwarzbau anzeigbaren Gefährts weit größeren wirtschaftlichen Schaden brächte und damit verbundene Nachfolgeinvestitionen verhinderte, darf das Ungetüm nun an ausgewählten Tagen und ohne offiziellen Fahrplan auf dem Lario kreuzen. Allerdings müsse es stets in der Bucht von Lecco parken. Dies gilt vor allem dann, wenn Giorgio Napolitano, ein erklärter Feind Berlusconis, den Comer See besonderen Gästen zwischen der Nordspitze und Como in seiner Natürlichkeit zeigen wolle oder selbst für ein paar Tage in Cadenabbia oder in Menaggio ungestört Boccia spielen möchte.

Zudem war vereinbart worden, dass M/S Re di Fiordo auf den norwegischen Anstrich, mit weißblauweiß gestrichenem Schlot und schwarzem Rumpf, verzichten müsse und sich im Reinweiß der Flotte des Lago di Como zu zeigen habe. Das norwegische Riesenschiff sollte zudem noch dieser Auflage entsprechen: Sobald es an seinem Liegeplatz festgemacht hat, sind, ohne freilich die Schwimmhotelgäste zu beeinträchtigen, Tarnnetze über das verkleinerte Imitat der norwegischen *Fjordkongen* zu spannen, damit es so aussieht, als ob da nur ein schiffsförmiger Felsbrocken im See läge.

L'ITALIA VA SEMPRE AVANTI

Die Uferwindungen geben dem See etwas Unermessliches, mitsamt seinen Keilkerben. Den vertrauten Weg hinab zur Abbazia di Piona. Im Klostergarten eine Bude: das Gläschen Klosterrotwein für 1,50 Euro.

Ich frage mich, ob ich jetzt, wie beim Gardasee, »mein« Comer See sagen darf. Die Frage ist wohl falsch gestellt. Es geht nur um das, was er mir im Laufe der Begegnungen während aller Jahreszeiten für den weiteren Lebensweg mitgegeben hat: Dichter, die ihn in Sprache verwandeln; Wein aus Piona und vom Valtellina. Und Bilder: den Schutzpelz aus kaum zugänglichen Waldungen längs der steilen Uferberge; unversehrte Bergnester darin; das Verwilderte in den Bergkeiltälern, wie bei Stazzona; dazu Bergbäche, die wie Wasserlava in den Lario stürzen; abweisende Felsüberhänge an manchem Ufer.

Überreste von »Lario Alluminio« bei Lezzeno und die riesige Fabrik am kargen Bachlauf des Abano bei Gravedona: auch dort speiste einst Strom umsonst diese Fabriken.

Als ich nach einer langen Seerunde um den Nordbogen wieder bei Piona ankam, servierte mir der Kellner eine köstlich gebratene Forelle mit Rosmarinkartoffeln und gedünstetem Spinat. Von den Seefischen kenne ich nur *il coregone*, den Felchen, und *la bottatrice*, die Aalquappe, noch nicht. Ich zeichnete mir ins Notiztagebuch das scherenschnittschwarze Rauchblau der vorspringenden Klippen des Ufers, darüber das rosa Gelb des Abendhimmels. Von der Bootsanlegestelle in Piona war das letzte Schiff Richtung Como davongeschnurrt, und ich dachte an meinen Rückweg über den Splügenpass: In Chiavenna könnte ich einen *caffè* in der Bar Povero Diavolo trinken und hernach in einem kleinen Laden in S. Giovanni Filippo noch einen Batzen Ziegenkäse und ein Stück Bresaola kaufen, das gesalzene und luftgetrocknete Rindfleisch aus dem Valtellina.

Wenn an einem Sommermorgen die noch unsichtbare Sonne ihr Licht auf die Bergzacken des östlichen Seeufers leuchten lässt, scheint das Panorama einer Opernkulisse zu gleichen. Bald werden die ersten Akteure in Schiffsgestalt die glatte Seebühne beleben. An einem Herbstmorgen dagegen, wenn der quirlige Zustrom an Ausheimischen verebbt ist, kann die Bergarena wie ein unüberwindlicher Seekäfig für eine Seeschlange wirken. Doch in dieser Festung gehen die Einheimischen selbstverständlich gelassen und heiter ihrer hier noch vorhandenen Arbeit nach.

Vom Café aus, an der Ecke der vielbefahrenen Straßenkreuzung sitzend, schaue ich dem uniformierten Mann der *polizia municipale* zu. Wie behände und selbstbewusst er aus seiner Übersicht dorthin ein Haltzeichen zuwinkt, um da einem Gemüselaster sein »Huschhusch!« zu signalisieren, so dass der wie durch ein Mauerloch zum kleinen Marktplatz hineinschlüpfen kann.

Auf der Terrasse des einzigen offenen Lokals in Plesio brachte mir der Einheimische Brot und Salamischeiben zum Wein. Wir plauderten über das Heute in der einst von Bergbauern geprägten Kulturlandschaft. Die meisten, sagte er, führen zur Arbeit nach Svizzera: »Unser Staat nimmt uns zu viel. Bei euch *in Germania* ist Rot immer *rosso* und Schwarz *sempre nero* – bei uns weiss man das nie so genau …« Trotz seiner Klage klang er zuversichtlich: »*L'Italia va sempre avanti*« – dass »es immerzu weitergehe«, wenn auch nur von jetzt bis nachher …

LITERATURVERZEICHNIS

Achim und Bettina von Arnim in ihren Briefen, 2 Bände, Frankfurt 1996.

Adenauer, Konrad: *Teegespräche 1955–1958,* Berlin 1986.
Erinnerungen 1945–1953; Erinnerungen 1953–1955; Erinnerungen 1955–1959; Erinnerungen, Fragmente 1959–1963, Frankfurt a. M. 1967, 1968, 1969, 1970.

Alvaro, Corrado: *Itinerario italiano/Italienisches Reisebuch,* Ebenhausen b. München 1956.

Brentano, Bernard von: *Europa im Buch,* in: *Antaios. Ernst Jünger zum 70. Geburtstag,* Stuttgart 1965.

Arnim, Achim von / Brentano, Clemens (Hrsg.): *Des Knaben Wunderhorn. Alte deutsche Lieder,* 3 Bände, Reclam, Stuttgart 2006.

Arnim, Bettine von: *Goethes Briefwechsel mit einem Kinde,* Frankfurt a. M. 61984.

Bloy, Léon: *Dem Teufel aufs Maul geschaut,* Freiburg 1962.

Borchardt, Rudolf: *Italienische Städte und Landschaften,* Stuttgart 1986.

Brendel, Alfred: *Musik beim Wort genommen,* München 2004.

Brentano, Clemens: *Sämtliche Werke und Briefe.* Historisch-kritische Ausgabe, Stuttgart et al. 1975.

Burckhardt, Carl J.: *Betrachtungen und Berichte,* Zürich 1964.
Gestalten und Mächte, Zürich 1961.

Calcagnile, Gaetano: *Ricordi di un generale,* Azzate (Varese) 2003.

Ceronetti, Guido: *Albergo Italia. Meine italienische Reise,* München 1993.

Cozzoli, Ignazio / De Simone, Franca: *Bussate e vi sarà aperto,* Mailand 2008.

Curtius, Ludwig: *Deutsche und antike Welt,* Stuttgart 1950.

Delacroix, Eugène: *Journal 1822–1863,* Paris 1980.

Derleth, Ludwig: *Der Fränkische Koran.* 6 Bände, Bellnhausen 1971–1972.

Eckermann, Johann Peter: *Gespräche mit Goethe,* Wiesbaden 1975.

Enzensberger, Hans Magnus: *Mausoleum,* Frankfurt a. M. 1978.

Erben, Dietrich: *Komponistenporträts,* Stuttgart 2008.

Fest, Joachim: *Glück als Verdienst,* in: *Begegnungen,* Reinbek bei Hamburg 2004.

Förster, Wieland: *Die Phantasie ist die Wirklichkeit,* Rostock 2000.

Gadda, Carlo Emilio: *Die Wunder Italiens,* Berlin 1984.

Goethe, Johann Wolfgang: *Briefe,* Band 4, Hamburg 1968.

Guardini, Romano: *Die Technik und der Mensch. Briefe vom Comer See,* Mainz 1990.
Italienische Reisen, Mainz 2000.
Von heiligen Zeichen, Mainz 1992.
Hölderlin und die Landschaft, Stuttgart und Tübingen 1946.
Berichte über mein Leben, Düsseldorf 1984.

Hausenstein, Wilhelm: *Pariser Erinnerungen,* München 1961.
Besinnliche Wanderfahrten, München 1963.
Liebe zu München, München 1967.
Ausgewählte Briefe 1904–1957, Oldenburg 1999.

Hesse, Hermann: *Kleine Freuden.* Frankfurt a. M. 1977.
Die Kunst des Müßiggangs, Frankfurt a. M. 1973.
Eine Bibliothek der Weltliteratur, Stuttgart 1949.

Hildesheimer, Wolfgang: *Wo wir uns wohlfühlen,* Frankfurt a. M. und Leipzig 2008.
Janssen und wir, Frankfurt a. M. 1996.
Der ferne Bach, Frankfurt a. M. / Leipzig 1994.
Mozart, Frankfurt a. M. 1977.

Jiménez, Juan Ramón: *Stein und Himmel/Piedra y cielo*. Gedichte. Stuttgart 1996.
Platero und ich, Frankfurt a. M. 1992.

Kafka, Franz: *Reisetagebücher*, Frankfurt a. M. 1994.

Kober, Bertram: *Sacri Monti*, Bielefeld 2009.

Kokoschka, Oskar: *Mein Leben*, München 1971.

Krein, Daniela: *Anekdoten um Konrad Adenauer*, Heidelberg 1959.

Liszt, Franz: *Briefe*. Hildesheim 1972 (Nachdruck der Leipziger Ausgabe von 1881).
Années de Pèlerinage. Deuxième année: Italie. Klavier Alfred Brendel, Philips 1986.
Années de Pèlerinage I–III. Klavier Alfred Brendel, Philips 1987.
Späte Klavierwerke. Klavier Alfred Brendel, Philips 1987.

Maier, Andreas/Büchner, Christine: *Bullau*, Frankfurt a. M. 2006.

Mann, Golo: *Erinnerungen und Gedanken*, Frankfurt a. M. 2000.
Wir alle sind, was wir gelesen, Berlin 1991.
Man muss über sich selber schreiben, Frankfurt a. M. 2009.
Zeiten und Figuren, Frankfurt a. M. 2007.
Ein Gespräch mit Konrad Adenauer, in: *Cadenabbia und der Comer See*, hg. v. Konrad-Adenauer-Stiftung, München 2008.

Manzoni, Alessandro: *Die Brautleute, I Promessi Sposi*. Deutsch von Burkhart Kroeber, München 2007.
Die Verlobten, aus dem Italienischen von Ernst Wiegand Junker, München 1960.

Meyer, Conrad Ferdinand: *Sämtliche Gedichte*, Stuttgart 1986.

Nietzsche, Friedrich: *Götzen-Dämmerung*, in: *Sämtliche Werke*, Bd. 6, München 1980.

Obermeier, Siegfried: *Lago Maggiore, Luganer See, Comer See*, München 1972.

Ortega y Gasset, José: *Vom Menschen als utopischem Wesen*, Stuttgart 1951.
Über das römische Imperium, Suttgart/Berlin 1943.
Europäische Kultur und europäische Völker, Suttgart 1954.

Papavassiliou, Piera Gatta: *Il Sacro Monte di Ossuccio*, Mailand/Bergamo 1996.
Quattro secoli di storia del lago, Menaggio 2008.

Paz, Octavio: *Das Vorrecht des Auges*, Frankfurt a. M. 2001.
zus. mit Marie José Paz: *Figuren und Variationen*, Frankfurt a. M. 2005.
Zwiesprache, Frankfurt a. M. 1984.

Piovene, Guido: *Viaggio in Italia*, Mailand 1977.

Poppinga, Anneliese: *Adenauers letzte Tage*, Stuttgart/Leipzig 2009.

Salis, Jean Rudolf von: *Grenzüberschreitungen*, 2 Bände, Zürich 1975/78

Schnack, Friedrich: *Der Zaubergarten*, in: *Merian, Comer See* 7/1963.

Scholz, Wilhelm von: *Der Zufall und das Schicksal*, München 1959.
Bodensee – Dreiländersee, Konstanz 1963.
Reise und Einkehr, Gotha 1921.

Schwarz, Hans-Peter: *Adenauer. Der Aufstieg: 1876–1952*. Stuttgart 1986.
Adenauer. Der Staatsmann: 1952–1967. Stuttgart 1991.

Sperber, Manès: *Nur eine Brücke zwischen gestern und morgen,* Wien/München 1980.
Leben im Jahrhundert der Weltkriege, Frankfurt a. M. 1983.

Stendhal: *Tagebücher und andere Selbstzeugnisse,* 2 Bde., Berlin 1983.
Das Leben des Henry Brulard und autobiographische Schriften, München 1956.
Italienische Chroniken, Berlin 1978.
Rossini, München 1988.
Reise in Italien, Berlin 1922.
Die Kartause von Parma, Berlin 1922.

Vogel, Bernhard (Hg.): *Cadenabbia als literarischer Ort. Schriftsteller am Comer See*, Berlin 2006.

Weidenfeld, George: *Von Menschen und Zeiten*, Wien/München 1995.

BILDVERZEICHNIS

DANK

Der Autor dankt Wolfgang Bergsdorf für das erste Türöffnen in die
Villa La Collina, sodann Günther Rüther, der den Anstoß zu diesem
Buch gab und seine Entstehung begleitete. Dank auch an Michael
Braun und Petra Hoesen fürs aufmerksame Mitlesen.

CORSO 24
GODEHARD SCHRAMM
Der Kanzler und der See

1. AUFLAGE IM MÄRZ 2012
© CORSO/GROOTHUIS, LOHFERT VERLAGSGESELLSCHAFT MBH
GAUSSSTRASSE 124–126, 22765 HAMBURG

MIT FREUNDLICHER UNTERSTÜTZUNG DURCH DIE
KONRAD-ADENAUER-STIFTUNG

AUSSTATTUNG/GESTALTUNG:
GROOTHUIS, LOHFERT, CONSORTEN │ GLCONS.DE
GESETZT AUS DER FAIRFIELD
LITHOGRAFIE: EDELWEISS PUBLISH, HAMBURG
GEDRUCKT AUF SCHLEIPEN FLY DURCH DZA DRUCKEREI ZU ALTENBURG GMBH
PRINTED IN GERMANY. ALLE RECHTE VORBEHALTEN
ISBN 978-3-86260-044-1

MEHR ÜBER IDEEN, AUTOREN UND PROGRAMM DES VERLAGES
FINDEN SIE AUF
WWW.CORSO-WILLKOMMEN.DE